高等学校教材

形体训练教程

（第二版）

刘志红　主编

高等教育出版社·北京

内容提要

本书从如何改善人的形体动作的原始状态，修正肌肉、脂肪的分布状况，提高他们的灵活性、协调性着手，为学生设计创编了一整套形体训练的方法与手段，为形体课教学和青少年自身锻炼提供了可借鉴的方法。

本书根据教学程序的需要，对每一动作的要领、要点、易犯错误及纠正方法进行了详细的描述，并配有插图，做到易学易记。在注重理论阐述的同时，突出了形体训练方法的实用性。形体训练方法以生理学、解剖学理论为依据，以我国青少年的体型特点为参数，集体操、舞蹈中形体塑造方法之长创编而成，具有科学性、新颖性和实效性。

本书共5章，内容根据教学的需要分初级课程、中级课程和高级课程三个层次，教师可根据学生的实际水平加以选择，其教学内容与方法适合普通高等学校及高职院校开展形体训练课选用，是广大形体教学人员和各单位培训部门的实用性教材，也是青少年进行自我锻炼的指导用书。

图书在版编目(CIP)数据

形体训练教程/刘志红主编. —2版. —北京:高等教育出版社，2009.7(2023.2重印)

ISBN 978-7-04-025699-4

Ⅰ. 形… Ⅱ. 刘… Ⅲ. 形态训练-高等学校-教材 Ⅳ. G831.3

中国版本图书馆CIP数据核字(2009)第088168号

策划编辑 范 峰　责任编辑 刘柏才　封面设计 张志奇　版式设计 范晓红
责任校对 胡晓琪　责任印制 刁 毅

出版发行	高等教育出版社	网　　址	http://www.hep.edu.cn
社　　址	北京市西城区德外大街4号		http://www.hep.com.cn
邮政编码	100120	网上订购	http://www.landraco.com
印　　刷	肥城新华印刷有限公司		http://www.landraco.com.cn
开　　本	787×960　1/16		
印　　张	15.75	版　　次	1999年6月第1版
字　　数	280 000		2009年7月第2版
购书热线	010－58581118	印　　次	2023年2月第14次印刷
咨询电话	400－810－0598	定　　价	31.50元

本书如有缺页、倒页、脱页等质量问题，请到所购图书销售部门联系调换

物 料 号　25699－00

编　委　会

主　编　刘志红

副主编　张　英　王淑英　周　燕　邱建刚

编　委（按姓氏笔画为序）

丁素文　王淑英　刘志红　张　英

张振峰　邱建刚　周　燕　林　萍

前　言

健康的人体是美的，人体美是最自然、最基本的美。形体美以其匀称的体态和柔和的线条，以形动人，以情感人，成为大自然中最完美的一部分，标志着人身的健康和尊严，是人类最崇高和被热切追求的目标之一。广大青少年在追求健康体魄的同时，更希望自己拥有健美的形体。

第一版《形体练习教程》出版至今已经过去了10年。在这10年间，社会发生了巨大的变革，人们对于形体美的认识越来越深刻，对于形体美的追求也越来越迫切，原有的形体练习内容已经不能满足人们形体锻炼的需求。本书的重新修订，正是适应了这一需求。在此次修订过程中，我们在关注提高广大学生身体素质和健康水平的同时，突出了以下几个方面的特征：一是形体训练方法从如何改善人的原始形体动作的状态，修正肌肉、脂肪的分布状况，提高人体运动的规范性、灵活性、协调性着手；二是动作设计以生理学、解剖学理论为依据，以我国青少年的体型特点为参数；三是动作创编集体操、舞蹈中形体训练方法之长，并经过多年的教学实践检验，具有科学性、新颖性和实效性。我们在保留原有形体训练内容与方法的基础上，进一步充实和丰富了本教材的内容，将具有艺术性、趣味性，代表时尚潮流的、在实际锻炼中行之有效的形体训练内容补充进来，以满足学校形体课教学和不同个体形体锻炼的需要。

本书不是学术专著，而是一本实用性很强的学习用书。全书内容共分六章，在进行理论阐述的同时，重点突出了训练方法的实用性。书中对每一动作的要领、要点、易犯错误及纠正方法都进行了描述，并配有真人示范图，做到易学易记。同时，根据教学的需要将课程内容分初级课程、中级课程和高级课程三个层次。课程划分依据内容的不同难度和要求进行：初级课程适合初学者学习掌握，中级课程适合具有一定形体训练基础的学生选用，高级课程适合具有较高水平的形体锻炼者学习，教师可根据学生的实际水平进行选择。

本书的编写分工如下：

第一章（王淑英、丁素文，河北师范大学）

第二章（刘志红、张振峰，河北师范大学）

第三章第一节（刘志红，河北师范大学）

第三章第二节、第三节（张英，青岛大学）

第三章第四节（周燕，华东师范大学）

第四章第一节（刘志红，河北师范大学）

第四章第二节（刘志红、林萍，河北师范大学）

（张英，青岛大学）

（周燕，华东师范大学）

第四章第三节（张英，青岛大学）

（邱建刚，成都体育学院）

（王淑英，河北师范大学）

第五章（张英，青岛大学）

（周燕，华东师范大学）

第六章（邱建刚，成都体育学院）

（王淑英，河北师范大学）

全书最后由刘志红统稿。

书中照片由曹文强、王淑英拍摄。示范动作由广东番禺中学青年教师李茜、河北师范大学体育学院学生王雯雯、王娜园，青岛大学服装学院学生房健、刘娟、张凌云完成。由于他（她）们的努力，才使得本书能够以崭新的面貌、直观的效果展现给大家。在此一并对他（她）们表示真诚的感谢！

刘志红

2009 年 3 月 16 日

目　录

第一章 形体训练概述

追求美是全人类的共同心愿，是人的天性。千百年来，各个国家和地区，由于气候、地理条件、风俗习惯、生产和生活方式的差异，形成了不同的审美观念。

人对形体美的追求是在生存条件得以极大改善的基础上发展而来的一种审美需要。在市场经济繁荣、社会政治稳定的历史条件下，人们处在积极乐观的状态中，在与自然相互协调中获得审美享受，也就必然把高级形态——人体作为审美的对象。这是健康进取的表现，是社会兴旺发达、国家经济稳定发展的标志。当然，追求形体美的程度也反映了每个人的文明水平和整个国家的文化底蕴。然而，不同的时期、不同的时代、不同的民族、不同的区域、不同的阶层、不同的地位、不同的生活条件，人们有着各自不同的审美观点，对美的观念有所不同，评价人体形态美的标准也就不同。但是形体美的评价标准也是相对的。人的美不仅是外表的美，还包括内在的气质，是“综合美”在一个人身上的体现。正如苏霍姆林斯基所说：“美——是道德纯洁、精神丰富和体魄健全的强大源泉。”

第一节 对形体美的认知

对于美，每个人都有自己的定义。有的人认为自然最美、有的人认为心灵美最美、有的人认为敢于追求美也是一种难得的美……但不可否认，外表形体的美是最直观的美。

形体美也称人体美，是指人体自然形象和自然形象所表现出的形式美，即人的整体形态的美，包括人体的外形美、身体匀称、比例和谐，表现为发育匀称、骨骼坚强、肌肉发达、肤色健康等。是介于自然美和社会美之间的、人的外在美的重要组成部分。人体对称的器官、均衡的比例、流畅的线条、弹性的肌肉、顾盼的眼神，使人体美成为自然美的最高表现形态。

一、人体体型美

随着社会的发展，人类的生活与美的关系越来越密切，这使得人们不仅仅满足于身体的健康，而且还追求形体的美，这是人类文明进步的一个标志，也是社会发展的一种潮流。

美的特点是愉悦性较强，贵在品味的和谐。人体美自然也不例外，它是人体各部分之间的对称和适当的比例所给予人的美感。人又以常规为和谐，以和谐为美。比如说一个人的腿太短了，就是因为他的腿达不到“常规”，显得不合乎人的习惯了，也就使整个形体丧失了和谐的美感。

人体体型美所包含的基本要素为均衡、对称、对比、曲线。

（一）均衡

一个健美的体型应给人产生两种感觉，即竖着的直立感和横着的宽阔感。取得这两种感觉的前提是均衡。

所谓均衡是指各部分要达到恰当的比例关系，而这种比例关系应符合他（她）的同族、同类、同年龄人的基本特征。例如，头与整个身高，上、下肢与身高，躯干与身高的比例。

均衡还指身体的协调。这种协调既包含人体各部分长度、围度和体积的协调，也包含色彩、光泽、姿态动作和神韵的协调。

（二）对称

人的对称是指左右对称，即从正面看和后面看达到左右两侧的平衡发展。要做到对称轴的竖直，几条水平线（肩线、髋线、眉线）保持水平位置。

在正常的站姿和坐姿时，人体的对称轴一定要与地面垂直。控制人体对称轴的重要部位是脊柱，脊柱的偏斜、扭曲，必然破坏人体的对称。除此之外，两肩、两髋、两膝、两外踝之间的连线都要与地面保持平行。同时，面部器官和四肢也要对称。因四肢长期从事某项单一工作，或因不当的生活习惯形成的不良身体姿势，都会造成身体的不对称，身体的不对称容易影响人的内脏器官的正常发育，对青少年来说，尤为重要。然而，绝对的对称往往给人以呆板和僵硬的感觉，细小部分不对称，往往能使人生动活泼起来，如发型、服饰等。由此可知，对称美和不对称美是相对的，人们应在社会实践中不断总结美的经验，为美化人类行为而努力。

（三）对比

在人们的审美观点中，常遇到两种不同的事物并列在一起，由于它们之间的差异和衬补，使事物显得更完美。如形体上的大与小、长与短、粗与细、屈与直，节奏上的快与慢、轻与重，行动上的动与静，都可以形成鲜明的对比，相互强调、交相辉映。人的体型也必须符合对比美的规律。

人的体型美要取得对比的关系效果，首先应符合性别的自然特征，这是一种隐形的对比。男子应符合男性的阳刚之美，女子应符合女性的阴柔之美。其次，对人的身体还要注意几个重要的对比：

一是躯干与四肢的对比。躯干是人的枢轴，应该给人一种稳定的感觉。四肢是人的运动器官，则应给人以灵活的感觉，如果躯干不直，四肢僵硬，只会给人弱而笨的感觉。

二是上、下肢的对比。人的上肢是完成精细复杂工作的运动部位，下肢是完成各种动作的支撑部位。由于功能不同，对比要求也不同，上肢要求有细线条和多变的结构；下肢要有粗线条和稳定的结构。

三是肌肉和关节部位的对比。肌肉部位粗，说明肌肉发达；关节部位细，说明关节外附着的脂肪少，显得灵活一些。

另外，还要注意身体各部位色泽的对比，如毛发与皮肤、眼白与瞳孔等。

（四）曲线

人体形态曲线美有两层含义：一是指流畅、鲜明、简洁，二是指线条起伏对比恰到好处。人体的曲线是丰富多变的，这些曲线的起伏对比应该是生动而有活力。例如，胸要挺、腹要收、背要拔、腰要立、肩要宽、臀要圆满适度、大腿修长、小腿肚稍突出、脊柱正常的生理弯曲要十分明显。

男女身体的曲线美要有所不同。女子曲线应是纤细连贯的，从整体看起伏较大，从局部看则平滑流畅；男子的曲线应是粗犷刚劲的，从整体来看起伏较小，从局部看由于肌肉块的隐现而有隆起。总之，女子的曲线要显示出柔润之美，男子的曲线要显示出力量之美。

二、人体的姿态之美

姿态美是指姿态动作的美，是由身体各部分的配合而呈现出来的外部形态的美，具有造型性因素。即人体几种基本姿态所表现出来的静态和动态的美感，包括站立、行走、坐卧等方面的美感。它要求人的一举一动、一颦一笑都是协调的。站立时，要优美挺拔，显得精力旺盛；行走时，要抬头挺胸，英姿焕发，刚劲有力；坐卧时，要姿势平稳，规矩端正，适度大方，这样才能突出人的健康美。

人们常说的“站如松，行如风，坐如钟，卧如弓”，便是对人的形体美姿态的审美要求。人的体型在一生中是不断变化的，相对而言，姿态美更为重要。人不是石膏塑像，要由空间活动的变化和样式来确定其自身与周围环境的关系。稳健、优雅、端正的姿势，敏捷、准确、协调的动作，本身就是一种美的造型，并且可以弥补体型的某些缺陷。

（一）站姿

优美的站立姿势，重点在脊柱。站立时应做到挺、直、高。挺，就是在站立时身体各主要部位要尽量舒展，挺胸抬头，下颌微回收，颈要直，髋、膝部不要弯曲，给人一种挺拔的感觉；直，就是站立时脊柱尽量和地面保持垂直。脊柱是人体保持优美站立姿势的关键部位，但它并不是笔直的，在颈、胸、腰等处均有向前或向后的正常生理弯曲。人在站立时，只要做到微收下颌，微挺前胸，微蹋下腰，使这些正常的生理弯曲表现出来就可以给人笔直的印象；高，就是站立时身体重心要尽量提高，腿不宜分得过开。

（二）坐姿

坐要端正、舒展、大方。在坐的时候，臀部是支点，优美的坐姿取决于支点两侧的部位以及腿和上体的姿势。不同环境与场合，坐姿都有相应的规范要求。

（三）走姿

走路用腰力，要有韵律感。走路时腰部松懈，会有吃重的感觉，不美观；拖着脚走路，显得有失儒雅。走路的优美姿态应以胸带动肩轴摆，提髋提膝小腿迈，跟落掌接趾推送，双眼平视背放松。走路的美感产生于下肢的频繁运动与上体稳定之间所形成的对比和谐，以及身体的平衡对称。

三、行为之美

行为美与姿态既有联系，又有区别。行为美既包括了一个人举止风度的美，更侧重于与道德意义的“善”相联系。培根说：“相貌的美高于色泽之美，秀雅合适的动作美，又高于相貌的美，这是美的精华。”评价一个人的行为美不美，主要看他是否符合社会道德规范，符合者为美，反之为不美。从这个意义上来看，行为是心灵的外在形式，反映着心灵的内容，美的行为表现美的心灵。

行为美要求人的行为必须符合社会规范，做到相互礼让，尊老爱幼，帮助病残，讲究卫生，举止大方，自然豁达，不卑不亢，热情而不轻浮，勇敢而不鲁莽，豪爽而不落于粗俗，聪明而不流于油滑，自尊而不自大，谦虚而不虚伪。当人的行为充分显示出“善”时，人们就从其行为上看到了美。

第二节 形体训练的作用

就人体的生理形态而言，人体美基本上属于自然美；就人体必然打上人的思想、性格的烙印而言，人体美又属于社会美。人体美是自然美与社会美的统一，是带有深刻社会性的自然美，也只有社会化的人才具有真正的形体美。因此，除遗传因素外，后天的劳动锻炼以及一定社会环境中形成的审美习惯对形体美都会产生一定的影响。人体的姿态、动作、行为大多是后天形成的，正确优美的动作姿态，可以通过形体训练得以培养。

形体训练是以人体科学为基础，通过徒手或器械训练，锻炼健康体魄，塑造优美形体，训练仪态仪表，培养道德品质的一个有目的、有计划的教学和锻炼过程。

青少年正处于生长发育的关键时期，身体形态的可塑性很强，进行系统的形体训练，不仅能提高健康水平，而且对于“修饰”、矫正身体的不良姿态，形成健美的体态有着特殊的功效。青少年一代是建设社会主义事业的后备军和接班人，健康的体魄、健美的形体、优雅的举止都代表着国家与民族的形象，因此，加强对青少年的形体塑造，尤为重要。此外，现代社会对青少年一代提出了更高的要求，要适应未来的社会生活和经济活动，适应日趋紧张的工作和激烈的社会竞争，必须具备强健的体魄、旺盛的精力、健美的形体、丰富的知识和应变各种工作与生存环境的能力。

第三节 形体训练的原则

人的体型可以通过改善营养结构、形体训练以及各种力量和耐力项目的锻炼而发生变化。

青少年正处于身体生长发育的关键阶段，尚未定型，可塑性很大，是形成良好的体型和姿态，增进形体健美的关键时期。因此，应抓住这一时机，并遵循如下训练原则，长期、系统、科学地进行形体训练。

一、目的性原则

形体训练的积极性主要来自于明确的目的和端正的动机。因此，首先要对学生进行经常性的思想教育，使他们把形体训练的目的同提高整个中华民族的素质和国民形象联系起来，同促进身体的正常发育和强健体魄联系起来。这一目标的确定，有助于青少年产生积极情绪，自觉地克服形体训练过程中遇到的各种困难。同时，积极情绪也会对人体生理产生良好的影响。据有关资料证明，良好的情绪状态，可使体内分泌出一些有益的激素，这些物质能将血液的流量、神经细胞的兴奋调节到最佳状态，使血液中糖原的含量有所升高，并会增加一种有利于提高身体活动能力的化学物质，使得人的感知觉异常敏锐，从而取得更好的训练效果。其次，在形体训练的每一阶段，要力求达到预期的目的。形体训练是一项长期的任务，短期内不易产生明显的变化。因此，每个训练阶段都应有明确的目的和要求，这些要求应成为练习者预期达到的目标。例如，腿的柔韧性训练应以掌握动作为目标，从而使练习者对内容产生兴趣。兴趣本身又会促使练习者积极主动地训练，通过课上课下的结合，体力、脑力的结合，必然会对机体产生良好的影响，并随之在形体、气质上有所变化。这样，练习者会感到有所收获，对调动和巩固训练的积极性有着重要的作用。

二、从实际出发原则

从实际出发原则是根据练习者的不同年龄、不同性别、不同的身体基础、不同的训练水平，制定出相应的训练方案，选择出相应的训练内容，使练习者在参与训练的过程中，既能对身体各部位产生有效的刺激，又不至于产生畏难情绪或引起过度疲劳。例如，对待少年儿童应选择难度偏低的训练组合——以基本素质练习为主，以全面锻炼为主，并适当选择游戏性较强的内容；对待有一定基础的青少年，则应选择中高难度组的动作——以局部的训练为主，着重雕琢身体的各部位，并将扶把、离把训练交叉进行。此外，训练内容的安排应把握住让学生“跳起来才能摘到苹果的水平上”同时又要将一般要求与区别对待相结合，对同一水平的人的共同点提出一般要求，而对每个人的不同点加以区别对待。

三、坚持经常原则

青少年进行形体训练，必须长期坚持，持之以恒，使形体训练中各种有效的方法对人体各部位产生持久的影响，并逐渐形成一种“习惯”，使举手投足都体现出一种“行为美”。青少年进行形体训练，应有足够的时间保障，有条件的学校每周应至少开设两次形体训练课程，保证学生在校期间有足够的时间接受全面系统的锻炼。这样，不仅有助于学生在概念上正确理解形体姿态的规范要求，在实际训练中掌握形体训练的方法手段，更有助于生物节律的形成，使人体各部位都能得到有效的锻炼，进一步提高锻炼效果，而且对于培养学生“终身体育”的意识有着极其重要的意义。

四、循序渐进原则

形体训练必须遵循由易到难、由简到繁，逐步提高教学难度和要求的原则。在内容方法和运动负荷安排上做到合理有序，应反映形体训练教学过程的客观规律。具体而言，就是每节课的内容教学要合理安排，要遵循系统的训练程序；教学课的开始要先进行热身活动，然后再进行所要学习的内容，这可使学生以最佳的状态进入训练，增强接受能力，提高锻炼效果，同时又能防止伤害事故的出现；教学课的结束部分要以放松整理活动或以游戏的形式为主，使学生尽快消除除疲劳并产生快乐的情绪。对于年龄较小或刚刚参加形体训练的学生来讲，应重视基础内容，如在基本素质训练中，多采用简单动作，在扶把或离把练习中，多采用单一动作，要把感知觉部分作为重点内容。随着身体素质及动作感知觉水平的提高，逐步提出新的要求，逐渐由初级向中级和高级课程过渡。

五、全面性原则

形体训练应注重全面发展身体的各个部位、发展各种身体素质和基本活动能力，认真细致地“雕琢”人体的每一部位。青少年正处于生长发育阶段，形体训练要力求全面影响人体，在各个不同阶段又要突出重点，并兼顾其他方面。同时，要把身体形态训练与内在气质的培养结合起来，使青少年通过形体训练产生正确的审美意识，既使形体得到良好的发展，又拥有高雅脱俗的气质，在美好的艺术环境中得到健康成长，使形体训练成为提高青少年综合素质的有效手段。

第四节　形体训练的特点与功能

一、形体训练的特点

车尔尼雪夫斯基说：“生命是美丽的，对人来说，美丽不可能与人体的健康分开。”形体训练不仅能使人获得健康美，还能使人获得体形美、姿态美、动作美和气质美。正因为这样，形体训练越来越受到人们的重视。

（一）广泛的群众性和针对性

根据各自不同的年龄、性别、能力、爱好，不论男女老少，不论何种职业，都可以参加改善和发展身体某部分需要的各种形式的形体训练。形体训练不仅能够使机体新陈代谢旺盛，各器官功能得以改善，增强体质、延年益寿，同时也可以有针对性地改善身体某一部分（发达肌肉、祛脂减肥、矫治畸形），使体形匀称、协调、优美。

（二）内容和方法的多样性

形体训练的内容十分丰富。形体训练有作用于身体局部练习的系列动作，也有作用于身体整体练习的单个动作；有用于形体练习的健身系列的成套动作，也有用于矫治康复的专门动作。每个动作的设计和成套动作的编排，都是严格按照人体解剖结构，有顺序、有目的地来设计和编排的。形体训练的器械更是繁多，有专门的单项器械，有联合器械，还有自制的娱乐器械。

从训练的形式上看，有单人练习，也有双人练习，还有集体练习；有徒手练习，也有持轻器械练习;有站姿练习,也有坐姿练习,还有垫上练习;有柔和的慢节奏练习,也有动感很强的快节奏练习;有局部练习,也有全身性练习。

从形体训练的方法上看,形体训练是在人体解剖学、运动心理学、运动训练学、运动生理学、人体艺术造型学等科学理论指导下进行的。根据不同的训练目的、不同的水平、不同的年龄和不同的性别,应选择不同的方法。

(三) 灵活性

形体练习大多为徒手练习,也可广泛利用把杆辅助,可以是集体,也可以是个人;可以在统一的时间内,也可以分散安排,不同的性别、年龄、体质、体型、素质,以及不同的地点和器材均可进行。只要练习者有计划地安排,不间断地进行科学训练,目的就能达到,它不受场地、器材、时间的限制。

(四) 艺术性

音乐是形体训练的灵魂。它是形体训练必不可少的组成部分。它可以丰富练习者的想象力和表现力,激励练习者尽力完成形体训练的计划,并帮助其履行那些枯燥的练习程序,把握动作的节奏,准确地完成动作。同时也可激发练习者的欲望和激情,使人在锻炼中更加愉快,更有兴趣,达到忘我的境界。特别是根据不同风格的乐曲,选择和创造出不同风格、形式的形体训练动作,可以提高成套形体练习的感染力,提高练习者的音乐素养,培养其良好气质,愉悦身心。

二、形体训练的功能

(一) 有效地锻炼人体各个部位

形体训练在内容上注意采用了整体训练与分部位训练相结合的方法,为全面并有重点地锻炼、“雕琢”人体提供了条件。通过形体训练,既可以使肌肉的控制能力增强,又能培养正确的感知觉,锻炼身体的某部位或发展某项素质,在锻炼形体美的同时,进一步提高身体的健康水平。

(二) 符合青少年追求美的愿望

爱美是人的天性。当今时代,青少年不仅要求身体更健康,还要求更健美。形体训练就是把“美”的意蕴有意识地注入形体塑造中去,以人体科学为基础,通过各种训练手段和方法,提高肌肉控制力、动作表现力以及协调性、灵活性等,从而获得健美的体态、健康的体魄。

(三) 具有一定的艺术性要求

形体训练的动作要求准确、协调、幅度大、节奏感强、姿态优美,并要求在音

乐伴奏下进行训练，无论是局部训练还是整体训练都应充分体现美的韵律、美的感觉，在完成训练的过程中充分体现动态美和静态美的艺术要求。

（四）可以培养人的内在气质

体育造就人体美不单纯在于塑造形体，还在于通过锻炼将开朗、豁达、真诚、进取等精神灌注到人的心灵中，使人动作和姿态富有美的韵味，从而真正展示出人体的文化素质。经过系统形体训练的青少年，除了身材匀称外，还表现在举止得体，坐、立、行落落大方，能够充分展示出青少年蓬勃向上的青春活力。通过形体训练获得的形体美能够反映出一个人的精神面貌与气质，是展现人内在美的一个窗口。

第五节　形体美的自我评价

美，是人类文明的象征。自古以来，爱美之心人皆有之，美是人们共同追求的目标。特别是在人民生活水平不断提高、科技飞速发展、美的观念不断改变的今天，在健身潮日趋强烈的影响下，人们对于形体美的鉴赏也日益升华和更趋开放。形体训练对于形体美的意义是不言而喻的。人类的审美对象有很多，大约可以分为自然美、艺术美、生活美以及人的形体美，也常称作个体美、个性美，包含人的体型美、姿态美、动作美和风度美，这些美的要素构成了人体内外的一致美，美学家认为人的形体美是世界万物中最协调、最均衡的一种美，这种美是所有审美对象中最深刻、最动人的一种美。

人的形体美就其形成方式而言，可分为自然美和修饰美两种，这两种美应以自然美为主，修饰美为辅。人的形体美的基本特征之一就是自然。自然形成的人体解剖结构最适合于人体的各种生理功能，它体现了人体自然形成的美，这种美是最单纯、最基本的美的形态。一切美的自然事物（包括人体）都在不同方面和不同程度上具有一定的形式美，通过形式或形象美鲜明地表现出它的种类（如人、人种或民族）的普遍性和本质。因此，人体的自然美又是最有一般性的美，是最有普遍意义的美。这种美带有质朴、纯真的特点，因而也是最感人的。

一、正常人形体健康的标准

正常人形体健美的标准可以用几个参数来体现。经过多年的研究和在健身会所对上万名学员的测定，有关专家初步建立了健康体型评分标准，即胸围、腰围、身高、体重指数（表 1－5－1）。

表 1-5-1 健康体型评分标准

指数 得分	胸围、腰围指数		身高、体重指数	
	男	女	男	女
优 秀	30	26	95	100
良 好	20	18	100	105
及 格	15	14	105	110
不及格	15 以下	14 以下	90 以下 105 以上	95 以下 110 以上

注：胸围、腰围指数＝胸围－腰围，身高、体重指数＝身高－体重。

二、健美人体体围标准

形体美是人体健美的主要内容之一，而形体健美在很大程度上取决于身体各部位体围的尺寸和相互间的比例。

● 身高——主要反映人体骨骼的发育程度。

● 体重——反映人体发育状况的重要整体指标。

● 胸围——是人体厚度和宽度最有代表性的测量值，扩展胸围与肺活量有关。

● 腰围——反映一个人的腰背健壮程度和脂肪状况。

● 上臂围——反映一个人肱三头肌和肱二头肌的发达程度。

● 大腿围——反映一个人股四头肌及股后肌群的发育状况。

● 臀围——反映一个人骨盆大小和髋、臀部肌肉的发达程度。

下面将分别介绍“韦德”健美男学员标准和男子一般健美体围标准。“韦德”健美学员标准(表 1-5-2)较高，因为他们通常经过 1～3 年的健美训练，已达到初级以上健美运动员的要求。

表 1-5-2 “韦德”健美男学员标准

身高/厘米	体重/千克	上臂放松围/厘米	胸平静围/厘米	颈围/厘米	腰围/厘米	大腿围/厘米	小腿围/厘米
155	65	39	103	39	71	55	38
160	75	40.5	110	40.5	76	56.5	39.5
165	80	41.5	115	41.5	78.5	58	40
170	85	43	118	42.5	79.5	59.6	40.5
175	90	44.5	121	43	82	62	41.5
180	95	45	124	44.5	83	63.5	42
185	105	45.5	126	45.5	84	65	43

男子一般健美体围标准(表1-5-3)要求较低,特别是身高和体重对应关系偏低,这同我国目前的国情相符。当前,我国国民营养状况一般,所以,上述体围标准是一般性的,随着国民经济水平的提高还应制定相应的健美体围标准。女子的体围标准(表1-5-4),目前胸围、臀围大体相同,这也是从我国目前女子很少从事肌力训练的现状出发的,今后女子“扩展胸围”这项指标还应有所提高。

表1-5-3 男生一般健美体围标准

身高/厘米	体重/千克	胸围/厘米	扩展胸围/厘米	上臂围/厘米	大腿围/厘米	腰围/厘米
153～155	50	94	97	32	45	65
155～157	52	94	98	32	49	65
157～160	54	95	99	33	50	66
161～163	56	95	101	33	51	66
163～166	59	98	102	34	52	68
166～169	61	100	103	34	53	69
169～171	63	100	104	35	53	69
171～174	65	102	105	35	54	70
174～177	67	103	107	36	55	71
177～180	70	103	108	36	55	72
180～183	72	104	109	37	56	72

表1-5-4 女生一般健美体围标准

身高/厘米	体重/千克	扩展胸围/厘米	臀围/厘米	腰围/厘米
152～154	47.5	88	88	58
154～158	48.5	88	88	58
158～161	50	89	89	59
161～163	51.5	89	89	60
163～166	53	90	90	60
166～169	54.5	90	90	61
169～171	56	92	92	61
171～174	58	92	92	62
174～176	60	94	94	64
176～178	62.5	96	96	66

三、人体各部位健美的标准

形体健美不仅反映人体的外表，还反映出人的精神面貌。各行各业的人都离不开形体健美，健与美协调组合，是整个社会美化的部分。

1. 什么样的形体才算美

大自然造化的人体美千姿百态，不拘一格，个体皆自成其美。但人们从审美实践中，也形成了一些共同的人体美要求。主要有以下几点：

(1) 体形匀称。“凡是美的都是和谐的和比例合度的，凡是和谐的和比例合度的就是真的……”人体美首先要求体形的匀称和谐，即部分与部分、部分与整体之间比例对称合度，协调适中。希腊著名医生伽林认为人体美“在各部分之间的对称——例如各指之间，指与手的筋骨之间，手与肘之间，总之，一切部分之间都要现出适当的比例……”

意大利的塔梭也指出：“美在于四肢五官具有一定的比例，加上适当的身材和美好悦目的色泽。”

著名画家达·芬奇以人体解剖学为依据，总结出一套符合标准的人体比例，例如，人的头部应占总身高的 1/8，以肚脐为界，上部与下部的比例应符合黄金分割律(即 1∶1.618)等。我国古人认为理想的人体美应是“增之一分则太长，减之一分则太短”，即不高不低，不胖不瘦，恰到好处。

(2) 体貌光润。人的容貌直接诉诸人的感官，是引起审美快感的先决条件。许多作家和诗人都极尽笔墨描绘人物容貌之美。荷马描绘英雄俄底修斯，强调他的肩和头美丽而富有光彩，如黄金般悦目；赞美其妻子潘奈修佩皮肤细腻，像象牙一样光润洁白。所有维纳斯的形象，都具有窈窕的身材、明澈入神的眼睛、娇媚秀丽的面貌和丰满的形体。我国《诗经·卫风·硕人》中描写庄姜：“手如柔荑，肤如凝脂，领如蝤蛴，齿如瓠犀。螓首蛾眉，巧笑倩兮，美目盼兮。”他们都强调容貌的优美端庄，线条的清晰明快，肤色的光洁润滑，肌肉的丰腴柔软。其中特别突出体貌的光润。可见，体貌的光润使形体美顿生光辉、光彩照人、充满生命的活力。

(3) 体式协调。体式即形体的动态形式，具体指人的姿态动作。人的形体美有静态美和动态美之别。静态美，即形体的匀称和体貌的光润，主要得力于先天的遗传。动态美，即体式的协调，主要得力于后天的教育和修养，呈现人的气质美、心灵美，折射出人的深层心理活动，乃至潜意识和下意识，在某种程度上还可反映出特定的审美情趣和审美理想，具有很高的审美价值。正如培根指出的：“相貌的美高于色泽的美，而秀雅合适的动作的美又高于相貌的美，这是美的精华。”

体式的协调具体通过坐、站、行表现出来。古人云：“坐如钟，站如松，行如

风。”这就是说，坐要端庄稳重，站要挺拔稳健，行要轻巧灵活。坐、站、行既要体现出一定的力度和速度，又要讲究造型的优美、配合的协调，使其动作敏捷、优美、高雅，把体形的匀称、体貌的光润通过动态形式充分显示出来。

(4) 体质健康。在人体美中，健是美的基础，美是健的升华和结晶。健能造就强劲的筋骨，发达的肌肉，红润的肤色，充分显示出人的自然美，尤其是形体美。健是人的生命活力、青春朝气的象征，使人的形体“生气灌注”，充分表现出人的动态美。健是各民族形体审美意识的最高追求，古希腊人就认为只有健康、强壮的身体，才是最美的。因此，体质健康是人的自然形体美的必要条件。

总之，形体美的基本要求是：健康、匀称、和谐和充满活力。健康是人体美的基础，是力量与活力的标志。和谐匀称要求人体各部分比例协调，左右对称，五官端正，躯体线条富于变化。就人体美的本质而言，必须充分体现人类蓬勃向上的生命活力。形体美的最高原则是健、力、美三者的和谐统一。

2. 女性美的体现

现代青年尤其是女性，绝不能以苗条、柔软、纤细，甚至病态为美，而应结实精干、肌肉强健，富有区别于男子的曲线美，既不失女性妩媚，又能承受生活负担和担当起社会工作。

(1) 胸部美。人体的曲线最重要的是三围，三围中第一围便是“胸围”。在人们对美的要求越来越苛刻的今天，胸部的美丽与否显得尤为重要。胸部健美的标准包括本身形态和乳房形态关系两部分内容。前者有乳房的弹性、充实饱满状态、颜色光泽局部皮肤平整性、乳头状态等；后者主要指乳房位置、大小与形体关系符合一定美学规律。常见的乳房缺陷有小乳症、乳房肥大、乳房下垂、不对称乳房、男子女性型乳房、锥状牛乳形乳房、乳头内陷等。

(2) 腰部美。女性的腰部按照审美观点应当是女性三围当中最细的一围，它的粗细直接影响着女性的曲线美、形体美。腰部美主要体现在：上下呈圆滑的曲线，以及上接肩部和胸部、下延丰满隆起的臀部的优美曲线。该曲线像数学中的单叶双曲线。躯体之所以美，是因为上腰身部有凹点，下腰部又柔和地向臀部扩张，正是这种变化，使女性的曲线有了美感。腰部缺陷有腰部脂肪堆积过多，腰部不对称等。

(3) 腹部美。平坦的腹部是曼妙的形体不可或缺的。被多数人接受腹部美的标准是：从正面看，肚脐两边应有两个对称的凹陷，与肚脐凹陷共同将腹部分成两个部分。乳房处的胸围和腰线处的臀围应大致相等，使腰部曲线柔和。从侧面看，腹部应与乳房的前突部分和臀部的后突部分对称，形成“S”形。影响美观的腹部类型有：脂肪堆积在下腹部与肚脐周围形成悬垂形腹壁；腹壁较膨胀、皮下组织的厚度不尽相同习惯形成的圆球形腹壁；缺乏皮下脂肪，肚脐周围有过多的皮肤和皱纹，使腹部肌肤松弛。

(4) 背部美。女性后背美的标准一般是指背部宽窄适中，与臀部的比例适当，肌肉丰满、腰部起伏、弯曲明显，脊柱沟比较明显、肩胛骨不太突出。背部缺陷主要有：驼背，又分为少年性驼背、职业性驼背、老年性驼背和病理性驼背；凹背、平背、圆背、脊柱后凸、脊柱侧弯等。

(5) 臀部美。臀部在女性人体美中由于性感特点突出而占有重要地位。臀对女性的曲线和性感魅力影响很大。臀部美的要求主要是：臀围明显比腰围大。从侧面看，臀部与腰部腿部的连接处曲线明显弯曲；从背面看，臀部呈两个完善的圆形，臀部向后突起而无下垂，皮肤光滑坚韧富有弹性。女性着紧身裤、短裙、穿高跟鞋，对体现臀部美十分有效。健美锻炼有助于塑造完美臀型。影响完美臀形的类型有：脂肪沉积集中向髂骨嵴部，使腰显得粗大；脂肪沉积集中于大转子附近，故被称为大转子部脂肪异常堆积；臀裂两端有较多脂肪堆积，臀部向后伸展。

(6) 美腿。美腿的标准一般包括：整体长度是身高的一半以上，骨骼正直、外形圆润，无松弛肌肉和皮肤，粗细适当，皮肤有弹性，膝盖外形圆润，骨骼纤细；大腿和小腿笔直伸展，小腿较长，是大腿长度的 3/4 以上，两腿合拢时间隙不超过 2 厘米；足踝纤细、圆润、无脂肪聚集和皮肤松弛现象，围长较小。常见的腿部缺陷有：双膝靠拢时，两脚分开超过 1.5 厘米的 X 型腿、O 型腿。

四、中外美学专家对人体健美归纳的标准

(1) 骨骼发育正常，关节灵活自然，不显粗大凸起，体态丰满而不显肥胖臃肿。匀称是关键。

(2) 骨骼均衡发达，皮下脂肪适当。

(3) 五官端正，与头部配合协调，眼大有神。

(4) 双肩对称，男宽阔，女圆浑。肩部不沉积脂肪，略外展，下沉。

(5) 脊柱正位垂直，曲度正常。

(6) 男子胸廓隆起厚实，正面和背面看略呈“V”型；女子胸部丰满而不下垂，侧视有明显曲线，微挺胸拔背。

(7) 腰细而结实，微呈圆柱形，腹部扁平，腰部比胸部略细小 1/3；男子有腹肌垒块隐现。直立时，腰部要上立。

(8) 臀部圆满适度，略上翘，有弹性。

(9) 两腿修长，腿部线条柔和，小腿腓部突出，跟腱长，正视无屈膝感，体现敏捷与活力。

(10) 踝细，足弓较高。

对于女性，肌肤的美也同样重要。肌肤美的标准是红润而有光泽，皮质表面光洁、细腻、柔韧，富有弹性，给人以容光焕发、富有朝气之感，这无疑会增加女性的魅力。

第二章 形体训练课程

课程是教育活动的组成部分，是在教育培养目标指引下，由具体的教育目标、学习内容及学习活动方式组成的，具有多层组织结构和计划性、教育信息载体性，用以指导教育教学活动的方案和实施过程。

第一节 形体训练课程内容

形体训练课程同样是一个完整、系统的教学锻炼体系，其内容根据形体训练课程不同目标以及所练习的部位和作用可分为以下几个方面：

一、形体美的理论知识传授

理论是实践的指南。要想使人趋向某一行动，并引发其行为兴趣和动机，就要在理论上阐明它的价值和意义、科学性和有效性。因此，在进行形体训练课程入门教学中，首先要向学生传授有关形体美的必要知识。其中包括：明确什么是美，什么是形体美及其价值；明确形体训练课程具有人体艺术与体育完美结合的特征，培养学生正确的审美观和鉴赏能力会对形体改善产生积极的作用。现在人在提升思想品位、进行自我完善、个性发展等方面具有积极的作用。现代人的思想意识在形体训练课程中可以得到充分体现。教会学生怎样评价美、认识美，怎样检测自己的形体类型，怎样科学地利用形体运动训练及营养保持完美体型。

二、形体美的感觉与知觉训练

正确的感知觉是形成和保持优美形体的必要条件之一，包括头颈、躯干、上肢、下肢感知觉和站立基本姿态。通过身体各部位正确的感知觉塑造，可以体会保持正确姿态所必需的肌肉感觉，提高身体的自控能力，是形体塑造中不可缺少的锻炼内容。

三、形体基本形态训练

基本形态是指先天形体和后天训练的最基本的身体姿态。人的基本形态是指:坐、立、行、卧。当这些基本姿态呈现在人们眼前时会给人一种感觉,如身体形态所显示的端庄、挺拔与高雅,给人的印象是赏心悦目的美感(包括日常活动的全部)。俗话说,坐有坐相,站有站样。但是一个人若是只有好的体型,而不注意自己的基本姿态,也不会让人觉得美。自古以来就有"站如松,坐如钟,行如风,卧如弓"的说法,实则是对人基本姿态的形象比喻和健美的要求。由于一个人的姿态具有较强的可塑性,也具有一定的稳定性,通过一定的训练,可以改变诸多不良体态,如斜肩、含胸、松胯、行走时屈膝晃体,步伐拖沓等。

基本形态训练是对练习者身体形态进行系统训练的专门练习过程,是提高和改善人体形态控制能力的重要内容。是通过徒手、把杆、双人姿态等大量动作的训练,进一步改变身体形态的原始状态,逐步形成正确的站姿、坐姿、走姿,提高形体动作的灵活性。这部分练习比较简单,个别动作要求比较严格,训练必须从严要求,持之以恒。

基本形态训练内容包括基本方向与基本部位练习、扶把姿态练习、离把徒手姿态练习和表现力练习。在基本方向和基本部位练习中,将方向的认知,对脚和手的基本部位,进行了规范的要求;在扶把练习中,练习的内容是根据普通大中专学生的身体条件编排的,并提出了规范性的要求;离把徒手姿态练习,包括各种基本步伐和手臂动作,强调了举手投足的优美性,内容丰富;表现力练习着重培养人的优美体态和以肢体动作以及面部表情表现情绪、情感的能力,该部分是形体训练中最主要的练习内容之一。

四、形体基本姿态训练

形体美是一个由多种要素有机组合而成的整体性的动态系统,它体现在肢体比例适度,肌肉均衡,身体丰满,皮肤健康,色泽柔润,体态身姿优雅等若干个方面,它们相互作用,相互影响,相映生辉,形成形体的动态美感。而优雅的体态和身姿则离不开身体各部位形态的基本训练,在现实生活中只有进一步改变身体形态的原始状态,提高形体动作的灵活性,增强站姿、坐姿、走姿动作的规范,才有可能获得健康、自然、匀称、美丽的身材,以及结实而具有弹性的肌肉和充满动感的曲线。形体美的锻炼也要从最基本的姿态开始,它包括站姿、坐姿、走姿进行。而正确的直立行走姿势,不仅能使内脏均衡活动而有益于健康,而且在社会活动中也显得尤为重要。

五、跳步与舞姿训练

通过舞蹈动作,如以不同的跳步锻炼人体的控制能力和腿部力量,可以培养人的优美形态。做跳步动作时，步伐要轻盈、优美，并与躯干和手臂动作协调配合，舞姿训练在于通过舒缓有节奏的动作体会身体的语汇，增强身体的表现力。

六、形体舞蹈训练

将训练与优美的舞蹈结合起来，是形体舞蹈的主要特点。形体舞蹈以舞蹈动作为素材进行的组合或成套动作为主的练习形式。形体舞蹈简单、易学，是在音乐的伴奏下，以舞蹈的形式完成整段动作的教学。在教学过程中以身体局部练习为主，以局部带动全身，达到局部锻炼的目的。在成套动作练习中，要求学生注意体会身体各部位的配合，达到动作协调一致。动作熟练时，以优美的身体动作感受音乐来展示美、表达美，达到健身修形、培养高雅气质的目的。

七、综合塑形训练

形体训练不仅仅包括基本形态、基本姿态训练，还包括通过相应的锻炼手段对身体各个部位进行雕琢。综合塑形训练是有针对性的训练，既有徒手的局部训练，也包括手持轻器械的训练和在特殊器械上的训练。通过身体各局部练习、徒手综合练习和器械训练可使身体更加协调和灵敏，达到修正体态的目的。

八、基本素质训练

形体基本素质训练是形体训练课程的最重要内容之一，是形体姿态控制和保持的必备条件，该部分筛选了柔韧性、力量、协调性三项素质，将其锻炼方法进行了归类介绍，为教师教学、学生练习提供了参考内容。

在练习中可采用单人练习和双人配合练习两种形式。可对人体的肩、胸、腰、腹、腿等部位进行训练，以提高人体的支撑能力和柔韧性，为塑造良好人体形态，改善形体的控制力打下良好的基础。形体基本素质练习的内容较多，在训练时，应本着从易到难、从简单到复杂的原则。同时也要注意自己和配合者的承受能力，不能超负荷，以免发生伤害事故。

第二节　形体训练课程组织形式

形体训练课程的组织形式是指为完成特定的教学任务，教育者与学生或锻炼者按一定要求组合起来进行活动的结构。或者说，是师生的共同活动在人员、程序、时空关系上的组合形式。

形体训练课程的教学组织形式都要限定在一定的时间和空间内进行，是师生间组成“搭配”关系的共同活动，直接地或间接地相互作用；在这种相互作用的过程中，包括了教学内容、教学方法、教学手段和教学程序步骤在时间和空间上的集结与综合。形体训练课程的组织形式直接体现为师生相互作用的方式，既可以是直接的，也可以是间接的，既可在班集体中进行，也可在小组内或个体间进行。

一、形体训练课程的组织形式特点

（一）多维性

形体训练课程教学组织形式反映的是教学活动中人员、时间和空间的组织和安排。课程教学组织的多维性也决定了形体训练课程教学活动是多种教学组织形式（人员的、时间的和空间的组织形式）同时并存的。

（二）形式多样

形体训练课程教学组织形式的多样性与教学组织形式的多维性具有密切的关系，从教育教学组织本身的历史发展过程来看，也是从简单到复杂、由单一向多样发展的，这种发展过程并不意味着后一种形式对前一种形式的否定，而更多地表现为一种补充和发展。形体训练课程教学组织形式的现状是多种教学形式并存、共同发展，其教学组织形式的多样化又是与它的各种制约因素——教学目标、教学内容、教学对象等分不开的。

（三）班级授课

班级授课制不仅仅就学生的组织而言，而且包含了教学空间的组织——形体训练课堂教学。由此构成了班级教学制，班级授课的优点是其他教学组织形式所无法取代的，是形体训练课程教学的基本组织形式。

二、形体训练课程的教学组织形式

（一）个别指导

个别指导是体育教学组织的最基本的形式，其教学优点是可以根据每个人的能力和特点进行不同的教学指导，发挥个人最大的潜能。教师采用“一对一”进行个别纠正，适用于教学过程中教师纠正个别学生在技术掌握上存在的个性错误。

(二) 班级教学

班级教学又称班级授课,其教学特点是一名教师采用同一内容、用同一方法教授全体学生。它与个别教学相反,班级教学注重了效率,教学中教师会把学生看成是理想中的一种对象来施教,这种教学形式一般出现在形体训练课程的初级阶段,学生水平越高,采用这种组织形式的越少。

(三) 分组教学

分组教学是把一个班分成若干小组,以组来进行指导。这种组织形式既保留了班级教学的长处,又能在一定程度上解决因材施教、区别对待的问题。这种教学的分组通常是按性别、体能、技术、兴趣等因素来进行的,每组指定小组长,起着"小教师"的作用,教学过程中学生之间虽有联系,但不密切。

(四) 友伴群体教学

友伴群体教学是一种小群体的分组教学形式,教学中学生自由结成"友伴群体",按教师的要求去创造性地锻炼,在互为评判、互为教练、互为帮助的过程中,使每个学生有充分发挥自己特长的机会,从而体验到获得成功的快乐和喜悦。这种分组只有当学生之间关系协调和目标一致时,才能形成一个小群体。通过个体间情感交流,彼此激励,互相配合,互相帮助,齐心协力,共同提高,可以充分调动学习的积极性,体现学生间良好的人际关系,有利于培养学生自觉锻炼的习惯,使学生能发挥内在的潜力。

(五) 分层次教学

分层次教学是指在人的发展过程中,由于受遗传、家庭及社会环境等因素的影响,学生在发育、成长过程中存在着不同的生理、心理及个体差异。根据学生的认知能力和掌握能力,教师在安排课堂教学内容、教学手段、教学方法上应符合学生实际学习的可能性,分层教学、分层指导、分层评价,使每一个学生都能在原有基础上得到完善与提高。层次分组教学最大的特点就是强调措施和目标的对应性,也就是选择特定的教学方式去达到既定的教学目标。

三、形体训练课程的基本结构

形体训练课程的结构是指在一堂课中合理安排教学训练和教育工作的顺序,它是由形体教学训练的目的、任务、教材内容、教学方法以及学生的特点所决定的。根据形体训练课程教学过程的客观规律,形体课的组织结构基本上有4部分:开始部分、准备部分、基本部分和结束部分。

(1) 开始部分。由教师介绍课的主要任务并提出具体要求,时间2~3

分钟。

(2) 准备部分。完成身体由安静状态向运动状态的过渡。主要内容包括各种走跑跳、徒手体操基本动作、健美操以及集体舞蹈等。动作的选择注意小、大关节的活动顺序，以大肌肉群的活动带动小肌肉群参与活动，使机体逐渐加大动作的幅度，为过渡到基本部分做好充分的准备。时间 10～15 分钟。

(3) 基本部分。是形体训练课程的主要部分。这部分内容可以是新授教材、复习教材或以训练为主的动作练习。内容安排的顺序一般是新教材在前，复习教材在后；上肢动作在前，下肢动作在后；使用器械由轻到重。主要传授的内容是教学大纲中的动作或组合。包括感觉知觉训练、形体基本形态训练、形体基本姿态训练、跳步与舞姿、形体舞蹈、综合塑形和基本素质。教师要依据学生的不同水平及课程级别安排教学内容。教师应该注意教材内容的安排要合理，对于正确的技术要严格把关。在练习过程中一定要有数量要求，在一定数量的积累下，使形体发生质的突破和飞跃。时间 40～50 分钟。

(4) 结束部分。在短时间内容采用呼吸放松、伸拉、游戏、松弛肌肉以及反应表现力的动作等，降低运动负荷，逐步稳定情绪，消除疲劳，逐步过渡到安静状态。结束部分最后要进行课的小结，表扬鼓励优秀学生，介绍下次课的内容等。时间 1～15 分钟。

四、形体训练课程的特点

(1) 运动强度适中。形体训练课上，无论是节奏欢快的动作，还是舒缓流畅的动作，在教学过程中都要把节奏放慢，让学生更好地体会动作及身体感觉，在不断重复练习的过程中，锻炼负荷自然是逐渐上升。当进行整段动作或组合动作时，运动强度就会有所提高，整节课能够达到有氧运动的水平，以达到锻炼身体的目的。

(2) 身体动作感觉的培养。形体训练不仅要达到锻炼身体的目的，更主要的是塑造美好的形体；要注重培养练习者养成收腹、挺胸的站立姿势，对肢体动作尽可能用长线条的动作来完成，更好地塑造肢体形态，使身体动作与肢体动作协调一致，动作优美。

(3) 音乐与动作的和谐统一。音乐贯穿于始终是形体训练课程的最大特点。音乐与动作要和谐统一，使学生更加专注地投入到练习中，完成动作的同时体会音乐的内涵，更好地完成动作，达到愉悦身心的目的。

(4) 身体的挺拔感。在基本的站立、行走练习中，首先要教给每一个练习者身体挺拔向上的正确方法，重点强调收腹、立腰、挺胸、沉肩，在这样的基本姿态的基础上完成其他练习。

（5）身体动作的紧张和松弛交替。提高对肢体的支配能力，使身体动作紧张而不过度僵直。

（6）动作的伸展性。每一次举手臂、抬腿都要有向远伸展的感觉，同时又要保证身体动作不变形。

五、形体训练课程教学的基本要求

（1）训练前必须做好准备活动。

（2）训练时要穿有弹性的紧身服装或宽松的休闲服、体操鞋、舞蹈鞋或健身鞋。

（3）训练时不能佩戴饰物，以免发生伤害事故。

（4）训练要有计划、有步骤，循序渐进，持之以恒，力求系统地掌握形体训练的有关知识和方法。

（5）要保持训练场的整洁和安静。

（6）在做器械练习时，要有专人指导和帮助，特别是联合器械的运用，要注意训练的安全。

（7）在训练中和训练后要注意补充适当的水，同时要注意饮食营养的合理搭配。

第三节　形体训练课程教学方法

一、形体训练课程的教学方法

为达到教学目标所采用的方式称为教学方法。教学方法也和教学过程一样，是师生互动的活动，是教师的“教法”和在教师指导下学生的“学法”相互作用的统一过程，是连接教师教与学生学的桥梁。当教学的目标、内容等确定之后，能否达到预期的效果，教学方法就成了决定性的因素。教学方法对教师来讲，是教学技巧的表现，也是一门艺术。

（一）形体训练课程教学中的“教法”

在形体课教学中，学生能否掌握体育基本知识、技术与技能，养成良好的锻炼习惯，与教师的“教法”有密切的关系。教师的“教法”起着组织、讲解、启发、教育等多种作用。在形体训练教学中，教师常用的“教法”主要有：

1. 讲解教学法

讲解教学法是教师在教学中运用语言的一种最主要、最普遍的形式。它是指教师用语言向学生说明教学任务、动作名称、作用、要领及要求，以指导学生掌握体育基本知识、技术与技能的方法。

在形体训练教学中，运用讲解法应注意以下要求：

(1) 讲解的目的要明确，要有针对性。教师的讲解应根据教学任务、动作名称、作用、要领及要求，针对学生在思想上、技术上或身体上存在的主要问题，有的放矢地进行讲解。例如，针对所要完成的教学任务和要求讲解，针对教学内容的重点和难点讲解。在形体训练教学中，针对学生存在的问题和涉及的范围(个人、小组、全班)，属于普遍性的问题，要进行集体讲解；属于个人的问题，要进行个别指导。

(2) 讲解内容要有科学性，还应符合学生的接受能力。教师要认真钻研教材，讲解时既要注重内容的科学性，又要根据学生已有的水平来确定讲解的深度和广度。教师在讲解时，应根据学生的理解能力，使用生动、简洁、易懂的语言。

(3) 讲解应少而精，要正确使用术语。形体训练教学主要是身体示范讲解，讲解的时间过长，必然影响练习的时间和次数，因此，讲解的语言必须少而精、简而明，要做到“精讲多练”。在众多的教学内容中，经过教师的钻研、加工和提炼，简明扼要、重点突出、便于学生理解和接受的知识，才是精讲的核心。所谓“精讲”，就是要讲清教材的重点、难点、关键，语言要精练准确，表述要清楚，要以最短的时间，争取最好的讲解效果。

(4) 讲解要富有启发性。教师讲解要启发学生积极思维，使学生听、看、想、练结合起来，充分利用各种感官。可以采用提问的方式，启发学生积极思维，使学生知其然并知其所以然。启发性的讲解能够培养学生的思维能力，能取得较好的教学效果。

(5) 要注意讲解的时机。在形体训练课程的教学中，大部分时间是组织学生进行练习，教师要针对具体情况，恰到好处地用简短的语言即刻提示。例如在做基本舞步时，教师要随着学生的动作进行提示和指导，对学生的动作完成给予及时的评价。

2. 示范教学法

示范教学法是指教师以具体动作或多媒体示范内容为范例，使学生了解所学动作的形象结构、要领的过程，同时也是运用错误动作的演示来帮助学生克服动作缺点、改进技术动作的方法。动作示范的特点是灵活简便、真实感强、调节度高、针对性强、运用范围广、直观效果好，是形体训练教学中广泛采用的教学方法之一。正确的动作示范不仅可以使学生建立正确的动作形象，还可以提升学生的兴趣，激发学生的学习愿望，起到鼓舞和动员的作用。准确、优美的动作示范还可以使学生产生跃跃欲试的效果。在形体训练教学中要取得好的动作示范效果应注意以下几点：

（1）明确示范的目的。教学示范应突出重点。教师每次示范都应明确所要解决的问题，要根据教学任务、教学步骤、学生的具体情况来安排示范的时间、速度、重点。例如，在新授形体训练动作时，通常要先做一次完整的、常速的示范，给学生建立完整的动作概念，建立正确的动作表象；而以掌握动作某一部分为目的时，可以做重点示范，并以较慢速度进行；以提高学生技术技能水平为目的时，需要相应的提高示范的幅度和难度；而如以帮助学生树立学习信心为目的时，则应适当降低示范的难度；为了显示动作的关键或难点，还可以做分解的示范。总之，示范教学法的运用，应围绕具体教学任务，突出重点内容，以保证学生能集中观察和模仿。

（2）示范的动作要求正确、熟练、优美、合理，并具有感染力。这种最基本的要求是指示范动作要按照规格标准完成，力求准确、熟练、轻快、优美，给学生建立一个完美的动作表象。合理，是要求教师的示范动作符合学生的实际接受水平。在学生初学阶段，不能把教师的示范动作变为技术表演，如果教师的示范动作超出了学生所能接受的水平，会使学生产生高不可攀、望尘莫及的思想，从而导致学生丧失学习的信心，甚至产生恐惧心理。而在提高阶段，教师的动作示范要尽可能表现出较高的水准，突出感染力，吸引学生产生对形体训练继续学习的欲望。

（3）为使每个学生都能够看清教师的示范动作，达到示范的目的、要求，教师还应注意示范的位置和方向。示范的位置是根据学生的队形、动作结构、学生观察的部位、教学的需要、场地条件要求等因素来决定的。在形体训练教学中，教师可以根据人体活动的规律、动作的结构来确定示范位置。可以在队伍的正面、侧面或斜面，也可以在队伍的后面或中央。在教学中由于动作方位变化多，所以需要教师随时改变自己的示范位置。示范位置要根据示范位置的高低、学生人数的多少以及队列排面的宽度纵深条件来合理安排。示范位置的正确选择，为学生观察教师的示范提供了前提。

在教学实践中，要使学生有目的、有重点地观察示范，还必须注意示范面的选择。示范的面应根据动作的结构和要求学生观察动作的部位来定。教师应根据教学任务、教学步骤以及学生的具体情况，灵活运用正面、侧面和镜面示范。

对于一些简单的动作，教师可面向学生，采用镜面（正面）示范，学生既可以看清教师的示范，便于模仿，教师也便于观察学生的动作；为了显示动作的左右距离，如教学中的移动，教师也可采用正面示范；对一些动作方向、路线、结构比较复杂的动作，教师可采用背面示范，以便于学生模仿；为了显示动作的前后部位，可采用侧面示范；另外，对一些动作结构特别复杂的动作，教师还可以采用多面示范进行教学，并注意示范面转换的方式和时机。

（4）示范与讲解结合。示范与讲解相结合是教学中最重要的方法之一。示范是讲解的直观呈现，讲解是示范的抽象与深化。示范是要把所教的内容变为直观的形象，教师做一个正确的示范动作，学生马上就能对所学的动作进行模仿练习，而讲解能够使学生的理解更加深刻和具体。因而在教学实践中，示范与讲解经常是结合起来进行的，这有利于直观呈现与思维抽象紧密结合，扩大直观的效果。结合的形式应根据教学任务、练习的内容和学生的特点而有所不同。在学习新动作时，教师在介绍动作名称后，可先做一次完整的动作示范，使学生了解动作的表象，在此基础上，再讲述所学动作的要领、完成方法以及对动作的要求。必要时可以再做一次补充性示范或强化性示范，以加深学生对动作的理解。在复习动作时，一般可以采用先讲解后示范的教学方式。在运用时，要求教师的讲解与示范具有针对性，应根据学生掌握动作的情况和学习中的易犯错误，做技术性的分析，对关键性的技术环节应做重点讲述，也可讲述产生错误的原因、预防和纠正错误的方法，提出完成动作的要求与注意事项。在教师示范前可提示学生观察教师动作示范的方法和步骤。讲解可以补充示范不易表示的内容，如动作细节、肌肉的感觉等，示范则可以补充讲解的不足。在教学中，因教学时间有限，教师应全面考虑教学效果，尽量减少教的时间，增加学生实际练习的时间。可以采用边讲解边示范的教学方法，把学生的听觉器官和视觉器官、直观感受与思维抽象紧密结合，这样既能节约时间，又能提高教学效果。

3. 完整教学法

完整教学法是从动作开始到结束、不分部分和段落、完整进行教学的方法。其优点是便于学生完整地掌握动作，不破坏动作的结构、不割裂动作之间的联系，缺点是不易较快掌握动作的关键和难点。完整教学法一般是在动作比较简单或虽然复杂、如果分解就会破坏动作结构时采用的方法。

形体训练教学中运用完整教学法有以下要求：

(1) 在教简单动作或比较容易掌握的动作时，教师可以在讲解、示范后，在教师的领做下，让学生在正常节奏下完整地进行练习。

(2) 在教比较复杂的动作时，应先突出重点，掌握动作的基础部分，再掌握动作的细节。在教学的开始要让学生先粗略地掌握整个动作过程，而后逐步突出动作的主要环节，注意动作的各个要素，如方向、路线、节奏等，进而要求学生注意动作的细节，以便准确地掌握动作。教师要明确动作的主要环节和细节，在学生完整练习的过程中，适时地提出要求。

(3) 降低动作的难度和要求。在开始进行完整教学时，可先降低动作的要求，或采用相应的手段降低难度。例如，降低完成动作的速度、放慢动作的节奏、在口令下完成动作等，直至能够按照正常速度或在音乐的伴奏下完成动作。

4. 分解教学法

分解教学法是指把完整的动作合理地分成几个部分或几个段落，然后按部

分逐次地练习，直至最后比较完整地掌握动作的方法。其特点是可以简化动作掌握过程，缩短掌握动作的时间，有利于加强动作困难部分的学习，提高学习的信心。

分解教学法通常在动作较复杂并可分段而用完整法教学又不易掌握的情况下，或动作的某部分需要较细致地学习时采用。分解教学法可分为纵向分解和横向分解两种。

(1) 纵向分解是按动作技术结构把教学内容分成若干部分，包括较复杂的单个动作和成套动作的分解。

纵向分解通常有以下两种形式：

- 单纯分解法。即把所教内容分成若干部分，先将各部分学习和掌握后，再综合各部分进行全部的合成学习。如在单个动作教学中，先学手臂动作，再学腿部动作，最后将手臂和腿结合起来完成动作。这种单纯分解法适用于动作结构不紧密而各部分又较分明的教学内容。

- 递进分解法。即先教第一部分，再教第二部分，然后第一、二两部分联合起来练习，学生学会后再教第三部分，三部分都学会了，再联合第一、二、三部分进行练习，直至完整地掌握动作。基本掌握后再进行复习，并与前面部分联合起来练习。递进分解法适用于一些动作结构较严密的动作内容，其中包括顺进分解法，即按照动作出现的先后顺序先学第一部分，再学第二部分，第一、二部分都学会后，再加教第三部分，如此直接前进，直至完全学会为止。

(2) 横向分解法。这种方法是将动作按身体部位分为上肢的动作、下肢的动作、躯干的动作等若干部分，分别或有重点地进行教学，最后完整地掌握动作。在形体训练教学中常采用这种方法。纵向分解与横向分解在教复杂动作时往往结合起来运用。

形体训练教学中运用分解法应注意以下要求：

- 动作的划分要根据教材结构的特点，准确地分成几个部分，以不影响动作的结构特点和不破坏动作各个部分的有机联系为前提，而且应考虑学生的水平和接受能力。

- 要使学生明确动作各部分在完整动作中的位置、作用以及与其他各部分的联系，并为各部分动作的连接做准备。

- 运用分解教学法的目的是使学生完整地掌握动作，因此，运用分解法的时间不宜过长，要适当地与完整法结合起来运用。避免分解的时间过长，形成分解的动力定型，从而破坏整个动作的连贯性，影响完整动作的掌握。

完整教学法与分解教学法在实际教学中是紧密配合的。运用分解教学法时，应积极创造条件使学生完整掌握动作，也可以对动作的某个环节进行分解教学。两种方法是分中有合，合中有分，成为完整—分解—完整的过程，并根据教材特点、学生情况、学习时间等因素合理运用。

5. 预防与纠正错误法

预防与纠正错误法包括错误动作的预防和纠正两个方面。它们各具不同的功能和特点。从其功能来看，预防错误具有超前性，主要表现在学生掌握动作的进程中教师应主动、超前性地预见学生可能出现的障碍和错误，为"防患于未然"而采取一系列有效的手段，这可以大大减少纠正的负担。纠正错误具有改造性，主要表现在教师对学生学习动作过程中所出现的错误采取有效的措施，及时、准确地予以严格的纠正。在实际教学过程中，预防与纠正错误动作的方法是有机联系的。因为学生掌握动作的过程是一个不断纠偏的过程，它们的应用在时空上是紧密接续的，也是相对的。对一个动作的预防措施，很可能是另一个动作的纠正手段，而对前一个动作环节的纠正无疑对后一个环节的正确形成奠定了良好的基础。预防和纠正错误动作，首先应分析错误产生的原因，然后针对错误的主要原因，采取适当的方法予以预防与纠正。

(1) 错误动作产生的主要原因分析：

● 学习目的性不明确，练习的积极性不高，态度不认真，或因所学动作难度大、运动负荷大而产生畏难、怕苦、怕累、怕受伤等情绪。

● 对所学动作的概念、任务不明，对完成动作的要领、方法不清，或受旧的技能的干扰。

● 身体训练水平及其基本技术水平较差。

● 教材内容的安排和教法的选择不符合学生的实际水平，与学生的接受能力差距过大。

● 由于教学环境与条件的限制和影响等。

由于产生错误动作的因素是多方面的，从动作技能形成的规律看，在粗略掌握动作阶段和改进提高动作阶段最容易产生错误动作，这个阶段也是纠正错误动作的关键阶段。

(2) 运用预防与纠正错误法应注意以下要求：

● 教师在课前必须了解学生的实际情况，并应认真钻研教材，掌握正确的技术动作概念，从学生和教材的具体实际出发，把握适宜的教法，科学地选配与安排教材内容。实践表明，充分运用和精心设计行之有效的身体练习或专门性练习，对于学生较快地获得本体感觉、领会动作的要领和完成动作的方法、体会动作的用力顺序和程度、掌握时间与空间的联系、增强学习信心都具有极为重要的意义。尤其在学生学习过程中可能受到原有的技能干扰时，更具有独特的效果。

● 要加强对学生有关练习目的性教育，使学生在理解练习必要性的基础上进行学习，这样才能使学生集中思想，注意正确动作概念的学习和领会。同时要切实加强课堂教学的组织工作，一方面始终保证学生有比较高昂的练习积极性，

使之充满练习欲望。这需要教师在教学过程中提高灵活应变的能力，把握学生练习的进程，不断调节和组合学生的练习内容，使学生树立信心，不怕困难。另一方面要充分利用学生练习过程中的相互作用，如集体意识、同学之间良好的人际关系及其在练习过程中产生的良好心境等。这些对于学生顺利地练习和掌握动作，预防错误动作的产生都有着十分积极的意义。

● 教师必须善于观察，找出产生错误的根本原因，做到有的放矢。在纠正学生的错误动作时，应力求使学生知其然并知其所以然。实际上，学生错误动作的产生，有相当一部分是由于身体训练水平跟不上或心理状态不平衡造成的。教师在纠正学生的错误动作时，一定要耐心细致，循循善诱，给学生讲清道理，分析原因。尤其对那些基础较差的学生，不仅要严格要求，更要热情帮助，进而使学生在反复的练习中逐步改进动作。

● 纠正错误动作必须首先抓住主要方面。所谓主要的错误往往总是相对于构成动作的某些环节而言，它在很大程度上直接关系到能否完成动作。实践表明，学生学习动作时产生的主要错误有时可能不止一个。在这种情况下，教师要善于确定顺序，让学生逐个改正，不要同时要求改正几个错误，使学生无所适从。有时学生错误动作虽然表现在这一环节，但产生错误的原因可能在另一个环节。如果教师不分主次，就抓不住错误的症结，当然也不可能使错误得到纠正。

● 对于一些主要的错误动作的纠正要及时。有时改正一个错误动作比学习一个新动作还要困难。对于学生中出现的共同性错误，要暂时停止练习，进行集体纠正。对共同练习中出现在个体身上的错误动作，要区别对待，在可能的情况下，在有目的、有计划、有手段地围绕整体练习的进程中，可以通过诸如转移练习、程序练习、辅助练习的重复过程等，来达到掌握技术动作的要求。

在形体训练教学中，对学生进行指导的方法是彼此有机联系的整体，教师在运用时，不应孤立地对待，要看到各种教学方法的相互作用，根据教学任务的需要和学生存在的不同问题，灵活地、相互配合地运用各种方法，使每一个方法的运用都成为整个教学过程的有机一环。只有灵活地运用各种教学方法，才能不断提高教学质量。

(二) 形体训练课程教学中的“学法”

形体训练教学中，“学法”是指根据教学任务，学生有目的地反复做某一动作，以达到增强体质、增进健康、发展身体和掌握技术、技能的方法，即指由教师组织和指导下的学生身体练习的过程。

1. 练习法

形体训练的教学方法与身体练习是分不开的。在教学过程中，学生除了遵循认识规律，通过听觉、视觉和运动器官来领会和感知动作的形象、过程、要领和完成的方法外，更主要的是通过各种身体练习来进行学习。学生在反复练习中，通过身体活动与思维活动紧密结合来掌握体育的知识、技术与技能，并收到发展身体、增强体质的实效。形体训练教学的这一基本特点，决定了练习法在整个体育教学方法中占有举足轻重的地位。

练习法的特点有两个：

一是时间性。时间性包括两方面的含义，一是无论哪一种方法的运用，都必须持续一定的时间。二是某一练习法的持续时间和转换频率，对最终效果都有着直接的影响。

二是指向性。一种练习法所提供的练习及其要求和组合，都是为完成教学任务服务的，它的明显指向就是要求练习者必须完成和解决一定的问题。在教学中常用的练习方法主要有：重复练习法、变换练习法等。

(1) 重复练习法。指不改变动作结构和运动负荷，即在相对固定的条件下，根据动作的基本要求进行反复练习的方法。其特点是练习的条件固定和反复进行练习，练习的间歇时间没有严格的规定。重复次数的多少根据学生所能承受的运动负荷和完成动作所需要的练习量而定。这两者既相互联系，又存在着矛盾。因此，在运用重复练习法时，首先要考虑学生可能承受的运动负荷，在这个基础上规定重复次数，在规定的次数内再对动作的质量做出要求。重复次数究竟以多少为宜涉及的因素很多，如学生个体的体质强弱、练习内容性质的差异等。从本质上看，这是一个练习对增强体质的有效负荷价值问题，单纯从掌握动作出发应用重复练习法是有片面性的，只有把增强体质和掌握动作技术、技能结合起来统筹安排，才能正确地运用重复练习法。重复练习法分为以下两种：

● 单一重复练习法。是对动作每练习一次就进行休息的反复练习方法。其特点是：动作的练习数量较少，持续时间也较短，因而适用于动作的初学阶段，便于教师观察和学生集中注意力学习，运动负荷也较小。在掌握动作的初学阶段，可在较慢速度、较短距离、较低要求的情况下进行。

● 连续重复练习法。是指没有间歇、连续不断地重复练习。这种练习法最显著的特点是连续性，在进行形体训练成套练习时多采用此法。连续重复练习法的特点是：练习的持续时间较长或连续重复练习的次数较多，因而具有较大的练习密度和运动负荷。连续重复练习法不仅有利于加速动作条件反射的形成和巩固，并且对加强身体素质、提高神经系统和心肺系统的机能，发展灵敏、协调和耐力素质等都有较大的作用。在动作的初学阶段运用连续重复练习法时，要控制连续重复的次数，以免负荷过大，过早出现疲劳，影响对动作的改进和掌握。运用连续重复练习法来锻炼身体、发展体能时，应注意连续重复练习的次数或持续时间所具有的运动负荷能适应学生承受负荷的能力，在练习中应安排科学合理的间歇时间。在教学中，可根据学生所能承受负荷的能力和需要，在休息时间相对固定的情况下，逐次或有阶段性地增加连续重复练习的次数或持续时间，或者在连续重复练习的次数或持续时间不变的情况下，缩短间歇时间，必要时也可既增加连续重复练习的次数或持续时间，同时适当缩短间歇时间。

（2）变换练习法。指根据练习任务的需要，在变化的条件下进行反复练习的方法。其主要特点是练习的条件变换，改变练习对机体所起作用的某些因素。在教学实践中，通常都是采用变换动作技术的某些要素，如速度、幅度、节奏等，变换动作的形式和动作的组合，变换练习的环境等。由于动作技术要素的变换，对提高中枢神经系统的调节机能、人体对不断变化的练习环境和运动负荷的适应能力以及提高学生的兴趣、掌握动作技术、提高运动能力等都有很好的作用。

变换练习法是形体训练教学中的主要方法，这种方法体现了把增强学生体质和传授体育知识技能密切结合的教学理论。在教学中，不论是技术难度大的内容，还是技术性不强的内容，都可以采用变换练习法，但应注意选择安排好变换的条件和间歇后的运动负荷。用于动作教学和改进运动技术水平时，应对变换的条件做出明确具体的规定，使变换条件通过练习所起的作用符合练习任务的要求。即在运用变换练习法时，各动作要素及其他有关条件的改变，应有助于更好地巩固和提高运动技能，避免由于条件的改变给正确地掌握技能带来不良影响。

2. 表演法

表演法是形体训练教学中特有的“学法”，即运用所学的内容，组织学生通过表演进行练习的方法。表演是一种综合运用所学的知识、技术技能，在规定的情境内，充分发挥个人的主动性和创造性的活动。它不仅能有效地发展学生的智力和体力，提高学生掌握运用知识、技术技能的能力，而且对提高学生的机智、灵敏素质以及激发学生的兴趣有重要的作用。

表演法的特点是有一定的展示因素和情节，在规定的情境内，可以充分发挥表演者的主动性和创造性，以达到通过表演所预期的目标，因而在教学中，正确地运用表演法对完成某些教学任务具有重要的意义。

运用表演法应注意以下几点：

● 选择表演应按教学的设计和计划，应有助于教学任务的完成。表演是进行练习的方法，其目的在于通过这种特殊形式的练习完成教学任务。例如，选择一般发展身体的基本动作练习作为展示个人进步幅度的表演；选择配合基本教材作为检验性的表演；选择能使学生大脑皮层达到高度兴奋或高度集中的练习作为集中注意力的表演；选择使学生在情绪上得到调节或在体力上得到恢复的放松表演等。

● 要控制和调节表演的运动负荷。表演应在教师统一规定下开始。在表演进行中，教师要观察表演者的行动，及时补充说明表演的方法和要求，并根据学生的表演情况及时进行评价。教师要善于观察与调节表演的活动量，如发现运动负荷不足或过大时，应增减表演活动的紧张程度、次数，扩大或缩小场地，或者进行轮流活动和短时间的休息等。教师应全面观察整个表演的过程，保证表演的顺利进行。

● 表演的结束应掌握好时机，教师应公正评价表演的结果。表演是一种或个人或集体性进行的练习方法，目的在于通过表演，调动积极情绪，增加身体练习的趣味性，并通过表演展示活动，增强积极的学习氛围。因此，在表演结束后，应及时进行总结。首先，教师要公正评定表演的结果，对整个表演中个人或集体的表现情况做出讲评，指出在表演过程中的优缺点。对表演中表现好的学生，应提出表扬，对表演的失败者，要多从积极的方面进行鼓励，使学生通过表演受到教育，学得知识和技能。

3. 比赛法

比赛法是指在比赛的条件下学习基本技能、技术和进行身体练习的方法。其主要特点是竞争性强、学生情绪高涨，能促进学生最大限度地表现出机体的能力。完成同样的练习，由于存在了竞争性，比赛时的机能变化要比非比赛时大得多。因此，运用比赛法时，对机体的能力提出了更高的要求，它能有效地发展身体素质，提高动作技术技能，以及在复杂变化、具有竞争因素的条件下，提高合理运用动作技术技能的能力，充分发挥学生在学习中的主动性、积极性，更好地完成形体训练的教学任务。

在教学中采用比赛法的形式是多种多样的，可以是表演比赛，也可以是教学比赛或专门组织的测验比赛；可以是个人与个人的比赛，也可以是小组与小组的比赛。按教学的具体任务和动作的性质，可以比动作完成的规范性、比表演时情绪把握的准确性、比形体训练的创意，也可以比完成动作的质量或小组学习的成果等。只有根据教学任务、教材性质、学生特点和具体教学条件，正确灵活地运用各种比赛形式和方法，并在比赛过程中切实贯彻教学的要求，才能收到良好的教学效果。

运用比赛法应注意以下要求：

● 必须在学生掌握一定教材内容的基础上进行比赛，进行比赛的练习应符合学生的身体状况。比赛活动通常有一定的对抗性，学生在比赛中往往要付出较大的努力，因此，学生必须具有一定的基本活动能力和技术技能。当学生对动作还没有完全掌握好、不能运用自如时，一般不要急于进行比赛，因为在动作还未掌握好的情况下比赛，学生的注意力就会从如何正确地完成动作转移到如何力争好的成绩上去，这样容易破坏正确动作的形成，同时由于学生不能自如地运用技术，而且求胜心切，容易发生运动损伤。

● 进行比赛的练习必须紧密结合教学内容进行。比赛本身不是目的，要使比赛与教学任务紧密结合，起到督促学生学习的目的。

● 要明确比赛规则。规则是保证竞赛进行和收到预期效果的必要条件，一般应根据比赛的类型来制订比赛规则。例如，表演赛、对抗赛、技评赛等就可以自己制订一些简明扼要、便于实施的规则，使比赛能有客观评价的标准。

● 分队比赛时，各队实力应大致相等。应根据学生的年龄、性别、身体条件、技术水平等情况划分竞赛小组，即可以男女分别编队或男女混合编队。不论采用何种方法分队，都应尽量使各队实力均等，这样才能发挥比赛的作用，实力不能悬殊过大，否则比赛就可能无法顺利进行。

● 正确、公正地评定比赛成绩。这对于调动学生积极性和培养学生良好的道德素养有很大作用。进行动作质量比赛可以用评分的方法确定成绩。评定成绩一般可放在课间休息时，以免影响比赛的进行。裁判工作要严肃、认真、公正、准确。只有客观地评定比赛的结果和在遵守规则的情况下，才能保证比赛的顺利进行，起到教育作用，否则就会影响学生的情绪。

形体训练教学中的练习法通常是结合起来运用的，教师应依据教学任务、阶段目标和学生的实际水平，选择练习方法。一般来说，各种练习法及其隶属的各种练习组合形式，都有不同的性质指向，有的偏重于学习动作，有的侧重于改进技术，有的有利于发展某些素质，有的则兼而有之，这需要教师善于根据教学任务和具体情况对练习法加以灵活运用。例如在改进某个技术动作的教学时，可以在分解动作进行连续的重复练习的同时，采用变换动作技术的某些要素的练习法。而当动作技术、技能达到一定程度时，可采用各种变换练习法进行练习，以利于动作进一步巩固提高。

二、形体课程的教学方法选择

形体教学活动中教学方法的选择在一定的意义上体现出教师科学合理地选择和综合运用教学方法的能力和水平。在确定了教学内容、明确了教学目标之后，恰当地选择、创造性地应用教学方法，对于提高教学质量、更好地完成形体训练课程的教学任务具有重要的意义。

教学最基本的问题是如何选择教学方法。教师能否依据教学实际正确、合理、有效地选择教学方法，是影响教学质量与效果的关键。

(一) 选择教学方法的依据

在选择教学方法时，一定要坚持整体性的观点，在对教材学生深入了解的基础上，理顺教学方法与教学活动之间的关系，选出最佳的教学方法，促进教学目的的实现。形体训练课程的教学方法选择可以依据以下内容进行：

1. 教学目标是教学方法选择的主要依据

教学目标对教学方法的选择具有方向性的意义。形体训练课程的教学目标有学期目标、单元目标、课时目标，其教学方法要根据教学目标的不同而有所不同。在明确了教学目标之后，要对各种方法完成教学目标的可能性进行分析，然后结合实际情况选择最佳的方法。选择教学方法的主要依据是具体的教学目标。这些教学目标既应包含形体训练课程知识内容的整体性目标，也应包括技术技能方面的实践性目标，还应包括培养和发展学生道德素养和个性方面的目标。教师要掌握相应的教学目标分类方法，把教学中抽象的目标转化为具体的可操作性目标，并以此来选择和确定具体的教学方法。

2. 依据教学内容的性质和特点选择教学方法

教学内容在教学活动中起着基本的、决定性的作用。不同的教学内容所要求的教学方法也有着一定的差异，方法是内容的运动形式。同时，教学的不同阶段、不同单元、不同的课时内容，对学生的知识掌握、技能教学、能力要求也不相同，同样要求教学方法的选择要具有多样性和灵活性的特点。例如，讲解法与示范法经常用在新授课上；而复习内容则经常采用领做法或音乐伴奏法；动作简单而又不易分解的教材内容，常采用完整法；比较复杂的动作教学可采用分解法；在动作创编的环节又经常采用启发的方法等。教师应该把握各自教学方法的适用范围，能够根据不同的教材内容特点的教学需要，选择所需要的教学方法。

3. 依据学生实际特点选择教学方法

学生的实际特点是指学生现有的知识水平、技术基础、素质情况和接受能力、动机状态、年龄发展阶段的心理特征等因素。心理学研究和教学实践都表明，学生的实际特点与教学处理之间存在着相互作用。例如，学生在形体训练的初学阶段，由于学习基础的差别，往往会引起注意力不易集中、学习无兴趣等情况，此时宜采用生动的直观方法，或用表演方法来进行教学以增加学生的自信心和兴趣。即使同年级、同性别的学生在完成某一动作时，不同的学生产生错误的原因也是不同的，此时应当用不同的方法去纠正，才能收到良好的效果。因此，教学过程中教学方法的选择要受到学生的个性心理特征和他们所具有的基础知识水平条件的制约。同一年级或同一班级的学生对某种教学方法的适应性可能会有明显的差异；同样，不同年龄段的学生，对同样一种教学方法的适应程度也不相同。教师要能够科学而准确地分析、研究学生的上述特点，有针对性地选择和运用相应的教学方法，使学生在学习掌握形体训练知识、形成技术技能的同时，能够促进学生身心向更高的水平和阶段发展。

4. 依据教学条件选择教学方法

教学条件主要是指学校教学场馆、设施等。教学条件对教学方法功能的全面发挥也有着一定的制约作用。例如，在舞蹈馆内或体操馆上课，可以减少周围

环境无谓的刺激，有助于提高教学方法的效果，特别是现代化教学手段的充分运用，如电化教学、多媒体技术会更进一步地开拓教学方法的功能和适用范围。教师选择教学方法时，在时间条件允许的情况下，应该最大限度地运用和发挥学校教学设备和教学空间条件的功能与作用。

5. 依据教师自身素质选择教学方法

教师素质在教学过程中主要表现在其动作示范水平、语言表达能力、教学技能、个性特长、教学风格特征、组织能力以及教学控制能力等方面。任何一种教学方法，只有适应了教师的自身素质条件，并能为教师充分理解和把握，才能够在实际教学中充分地发挥出它的功能和作用。因此，教师在选择教学方法时，应当根据自己的实际优势，扬长避短，选择与自己相适应的教学方法。同时，教师应当在自己的发展过程中，不断提高自身素质和水平，并能结合自身素质条件，丰富和改造现有的教学方法，逐步形成自己的教学风格。

(二) 教学方法运用的有效性

运用教学方法，要求教师能够熟练地把握各类教学方法的特性，综合地考虑各种与教学方法有关的因素，合理地运用适宜的教学方法，并能根据最优化的教学思想加以组合，从而达到既能充分发挥各种方法的功能作用，也能使教学活动有效地达到预期的教学目标与教学要求。形体训练教学活动的成功与否，在一定程度上取决于教师科学合理、综合运用教学方法的能力和水平。

形体训练教学中的具体方法是多种多样的，但不论采用什么方法，都必须坚持有效性原则，保证在选择出适当的教学方法以后，还要能够有效地运用，以达到教学目标的要求。

1. 应坚持以启发式教学为指导思想

启发式教学要求教师从学生的实际出发，根据形体训练教学的客观规律，运用具体的教学方法，充分调动学生的学习积极性和主动性，引导学生积极思维，使他们通过教师设计的情境和活动，达到掌握体育知识、技术技能，创造性地运用知识，培养提高分析问题和解决问题以及独立学习的能力。在众多的教学方法中，指导思想通常是相通的，具有启发性的教学是现代体育教学方法的总特征。

2. 应保证师生双方的协调活动

形体训练的教学方法是教师和学生共同参与的双边活动，是以解决教学任务为目的、师生共同活动的方法。在运用教学方法时，既应考虑到教师教的活动，又应考虑到学生学的活动。例如，在运用示范法应充分考虑学生“如何观察”、“怎样观察”、“观察什么”等，如果注意不到就会影响学生学习掌握动作的效果。因此，教学方法的运用应是教与学的统一，既包括教师如何传递信息、如何进行教学组织控制的教法，也包括学生视听、观察和练习的学法。应通过教学方法的运用，使师生双方的教与学联结成一个同步协调的活动。

3. 应注重多种教学方法的优化组合与综合运用

教学是一个非常复杂的过程，形体训练的教学内容非常丰富，所要完成的任务和达到的目标是多方面的。在教学过程中，教法的选择不仅要考虑到学生的生理、心理特征，还要把握学生身心发展的规律，这些因素仅靠一种教学方法是无法实现的。在教学中，学生在学习过程中要有多种器官参与活动，他们学习兴趣的激发、学习动机的强化、学习积极性的提高和保持绝不是靠一种教学方法所能奏效的。因此，教师在实际教学中通常选择和运用的并不是一种教学方法，而是多种教学方法的综合运用，是各种教学方法的有机结合和互相配合，从而发挥教学方法体系的整体性功能。应根据教学活动的实际需要，按照选择教学方法的基本依据，综合利用现有的行之有效的各种教学方法。例如，讲解与示范的结合，分解与完整的结合，音乐伴奏与口令的结合，整体与分组的结合等，充分注意各种教学方法在教学过程中的相互配合、相互渗透、相互补充的有机联系，博采众长，发挥它们在教学中的最大效能，使教学方法的选择和运用体现出多样性、综合性、灵活性的特点。

4. 应注意学生学习外部与内部活动的统一

在形体训练教学中，学生的外部活动表现通常是教师教学中观察的重点。例如学生的注意力是否集中、情绪是否良好、动作完成的质量是否达到要求，从中可以及时获得关于学生学习的主动性、积极性、体力情况以及学习的效果等方面的反馈信息，便于教师及时调控体育教学活动。然而，这种外部活动并不能完全决定学生内部的心理活动。例如，从外部观察学生，学生能够跟上教师的示范动作或领做时的动作，但实际上不见得真正理解了动作的内涵要求和具体要领。有时学生身体在做动作，但是从其眼睛中观察到一种探究或者疑问。此时，教师要及时分析原因，及时采取有效的方法予以解决。因此，教学方法的运用不仅应关注教师的活动，而应把重点转移到学生的活动法，使学生学习的思维活动与身体活动相统一。

5. 应使学生由模仿向创新过渡

学生通过教师的教学活动以获得知识和技能。如通过教师示范、讲解和学生之间的模仿，使学生掌握形体训练知识和技术技能。在运用教学方法时，应逐渐使学生由“模仿型”向“创造型”过渡，并使两者有机地结合起来，使教学方法具有双型性。如教师通过教学活动使学生掌握了课程大纲规定的内容，同时又教会了学生形体训练的创编方法并能够付诸于实践活动，即通过学生的模仿使学生掌握知识与技术，又通过于学生的创造性活动使其获得技能，不仅重视教师传授知识、技术，而且更注重学生独立探索知识的能力，培养其思维创新能力。

第四节　形体训练课程考核与评价

形体训练课程考核与评价是对教学、锻炼效果的评价。最直接的评价内容是学生在形体、姿态上发生了什么变化，但对于课程教学而言，评价应该包括了初始评价、过程评价和终结性评价。

形体训练课程教学评价应在教与学两个方面展开。即依据不同层次的教学目标和标准，对学生的学和教师的教进行系统的调查，并评定其价值的优缺点以求改进的过程，是衡量教与学双边活动成功与否的一种机制，是检验教学效果的参考标准，是对师生最终考核评定的评价指数。形体训练课程考核与评价的内容和指标如下：

一、对学生学习的评价

1. 技术技能的掌握

动作技能是一种习得的能力，表现于迅速、精确、流畅和娴熟的身体运动的活动方式。形体训练是一门由身体的直接体验来获得基本知识、基本技术、基本技能的课程，对动作技术技能的评价是一项必不可缺的内容，它体现了本课程最基本的特征，也是实现形体训练最终目标的载体。这部分内容一般在平时学习和期末考核中都作为评价的重点内容。

2. 形体姿态的变化水平

形体姿态是人通过先天遗传和后天活动所表现出来的在基本形态和基本姿态等方面的相对稳定状态。通过形体训练课程，学生应该在形体姿态方面发生相应变化，其变化水平应该作为课程教学评价的主要内容。这部分内容一般也会在平时考核和期末考试时作为评价观察的重点。

3. 情感态度

情感态度包括课程学习的参与过程、对于形体训练课程的学习兴趣、情绪表现内容。情感体验影响着锻炼者或学生的学习态度和练习过程的投入状况，对学习效果产生不同的影响。这部分内容是要通过行为表现来评价的，一般会在教学过程中或在课程结束时作为行为评价的重点。

4. 对形体美知识的认知

形体美知识能够为学生提供有关锻炼效果、锻炼方法等信息，并为他们的行动奠定基础。对于认知领域的评价要求学生能够记忆和领会相应的知识群，其中包括人体科学知识、心理学知识、社会学和美学知识等。随着认知水平的提高和知识的逐渐积累，对于形体美知识应该有应用和分析能力，能够用抽象的原理解决形体训练课程学习中的问题等，使认知水平与实际应用有效结合。此部分是学生理解形体训练课程的具体要求、指导自觉锻炼的科学理论基础，一般在课程结束时通过理论试卷形式进行考核与评价。

二、对教师教学的评价

教学是一项十分复杂的工作，评价教师的教学行为和质量，其关注点有两个方面：一是教师主观方面，包括设计教学目标、组织教学内容、贯彻教学原则、选择教学方法、辅导学生以及教书育人等是由教师控制的，是教师教学行为和质量评价的主要方面；二是客观方面，包括学生原有的基础、学校教学设备和条件、教材质量、图像资料以及学校的管理和后勤服务等，是教师无法控制的因素，应当是教学质量评价的参考方面。因此，评价教师的教学行为和教学质量，主要是评价教师教学过程实施状况以及在一定客观条件下学生所取得的进步。对教师教学评价指标体系分析如下：

(1) 教学准备。良好的教学准备是上好形体训练课程的前提，包括对教学内容的理解与分析、学生接受能力与前期基础水平的分析、教学动作的示范能力、教师本身形象、教学文件和场地设施的安排。

(2) 教学效果。以学论教是当前课程教学评价的主要趋势，教师在教学过程中的教学行为最终会在学生身上得以体现，如对形体训练技能的掌握、锻炼习惯的养成、形体姿态与健康水平的提高、对形体塑造课程的期盼等。这些与教师教学中的诸因素直接相关。

(3) 教学过程。教学过程是达成教学目标的途径。在教学过程评价中，教师对学生学习动机的激发与兴趣的培养、示范动作规范与正确优美、讲解清晰明确与有感染力、注重学生的个别差异与因材施教是评价教师教学过程的最重要指标。同时，关注学习方法指导与培养、教学目标设计的针对性、教师主导与学生主体作用发挥及精选内容并具有针对性等指标，对教师教学提出了更高的要求。因此，教师的学识内涵、教学能力、基本素质、科研水平等能否体现在教学过程中也是值得关注的问题。

(4) 教学评价。教师能否应用评价作为激励手段，是评价教师教学行为的重要内容，在形体训练课程中，激励评价关注学生行为、互动评价培养主体意识、指导评价关注技术技能。通过评价了解教学目标的达成状况、学生技术技能的掌握情况和个体差异及变化、检验教学大纲适宜性并对教学状况诊断与反馈。

第三章　形体训练初级课程

初级课主要以基本动作和一般的素质练习为主，学生需要掌握的内容有形体美的感觉与知觉练习、基本姿态练习、身体平衡练习和线条拉伸练习等，通过基本的身体练习，使学生体会保持优美体态时正确的身体感觉，并逐渐成为一种习惯，从而培养学生的锻炼兴趣，使其在身体感觉上、形体上、气质上产生初步的改变。

第一节　形体美的感觉与知觉训练

感知觉是人的一种认识过程，是人脑对客观事物个别属性和整体属性的直接反映。在实践活动中，感觉和知觉总是几乎同时出现，很难区分，所以一般称为感知觉。身体各部位正确的感知觉练习，即通过专门的练习手段，使练习者能够体会到保持正确身体姿态所必需的肌肉感觉，从而提高练习者的自我判断能力和自我控制能力，克服因某些因素而产生的身体形态方面的错觉，在头脑中形成正确的记忆，使之保持正确的形体姿态，并逐渐养成习惯。

正确的感知觉练习的锻炼原理在于每个身体部位练习过程中姿态的正误对比。通过正确形体姿态和错误感觉的反复比较，以及正确姿态的反复强化，产生相应的刺激传入脑的相应部位，增强分化能力，形成正确的感知觉。运用这一锻炼手段，既能完成青少年对于正确形体姿态的认识过程，又能完成形体练习中的主要锻炼任务。

一、头颈部位训练

形成姿态美，脊柱是关键。头颈位于脊柱的顶端，由于“状态反射”的作用，头颈的位置正确与否，对于形体姿态起着至关重要的作用，是形体训练的重要部位。

音乐节奏：3/4 拍。

预备姿势：盘腿坐或成跪坐，两臂放于侧下举部位，五指并拢，中指指尖触地，后背挺直，眼平视（图 3－1－1）。

图 3-1-1

前奏:1-3 拍

第一个 8-3 拍

1-3,2-3 拍颈部肌肉放松,下颌抬起,头后仰,鼻尖向上,拉长颈部前侧肌肉,使下颌保持在较高的位置上。

3-3,4-3 拍颈部两侧肌肉收紧,下颌在抬起的水平位上慢慢收回至中间位置,梗头,头顶向上用力,肩背下沉,位颈部拉长。

5-3,6-3 拍下颌在水平位上再回收至低头,颈后部肌肉放松拉长。

7-3,8-3 拍头部慢慢还原,头顶向上用力,抬下颌慢慢还原中间位置,梗头,肩背下沉,使颈部肌肉拉长,眼平视(图 3-1-2)。

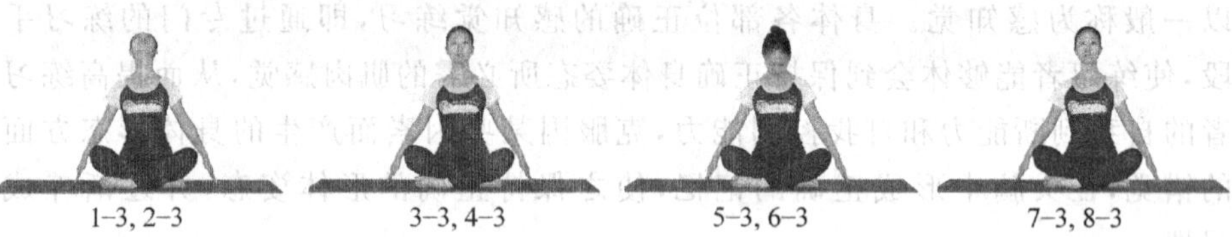

图 3-1-2

第二个 8-3 拍同第一个 8-3 拍。

第三个 8-3 拍

1-3 拍颈部肌肉放松,抬下颌,头后仰。

2-3 拍颈部两侧肌肉收紧,头慢慢还原,梗头,头顶向上用力,下颌在水平位上收回,肩背下沉,使颈部拉长。

3-3 拍下颌在水平位上再回收至低头,颈后部肌肉放松。

4-3 拍头还原至正确位置,梗头,肩背下沉,眼平视。

5-3 拍头向左侧倒,拉长颈部右侧肌肉。

6-3 拍抬头,拉长颈后部肌肉。

7-3 拍头向右侧倒,拉长颈部左侧肌肉。

8-3 拍还原成预备姿势。

第四个 8-3 拍同第三个 8-3 拍(5-8 方向相反)(图 3-1-3)。

动作要点:表情自然,闭嘴。头颈的正确姿态应自然并有控制力。

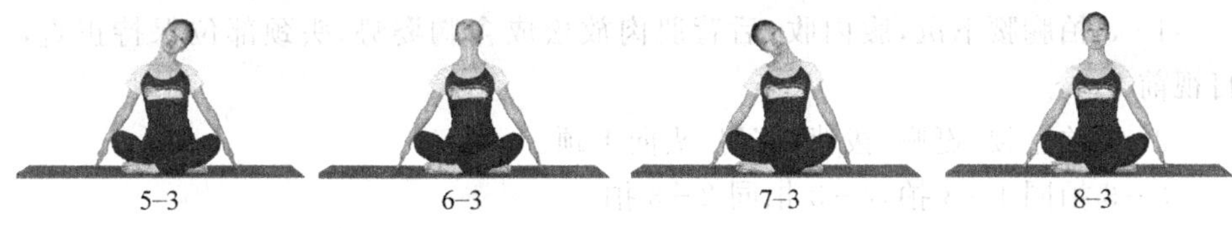

图 3-1-3

易犯错误及纠正方法：

(1) 颈部放松时过分松弛，部位不准确。下颌抬起后的水平位保持不好。在教师的指导下练习。

(2) 头颈的正确姿态无控制力，肩部下沉不够，没有头用力向上顶的感觉。应反复体会动作要领。

二、躯干部位训练

练习一：胸腰部位的控制

胸腰是身体的主要部位，是控制姿态美的关键所在。青少年正处于学习时期，伏案时间较长，容易形成含胸弓背的错误姿态，所以应着重对这一部位进行练习。

预备姿势：盘腿坐，两手背于体后，头颈部位保持正直，肩背下沉，立腰，眼平视。

音乐节奏：3/4 拍

前奏：1-3 拍

第一个 8-3 拍

1-3，2-3 拍胸腰下沉，腹内收，后背肌肉放松成含胸姿势，头颈部位保持正直，目视前方。

3-3，4-3 拍立腰、挺胸、拔背、沉肩，头向上顶(图 3-1-4)。

图 3-1-4

5-3，6-3 拍同 1-3，2-3 拍。

7-3，8-3 同 3-3，4-3 拍。

第二个 8-3 拍同第一个 8-3 拍。

第三个 8-3 拍(图 3-1-5)

1－3 拍胸腰下沉，腹内收，后背肌肉放松成含胸姿势，头颈部位保持正直，目视前方。

2－3 拍立腰、挺胸、拔背、沉肩，头向上顶。

3－3 拍同 1－3 拍，4－3 拍同 2－3 拍。

5－3，6－3 拍两手在胸前击掌后穿至上举，五指并拢，掌心向前，同时提胸、立腰，眼平视。

7－3 拍保持胸腰的姿势不动，两臂至侧举，掌心向下。

8－3 拍还原成预备姿势。

图 3－1－5

第四个 8－3 拍同第三个 8－3 拍。

动作要点：吸腹、立腰、胸部的提沉动作清晰。

易犯错误及纠正方法：胸腰部位的松弛与紧张区分不明显；立腰不充分。在教师的提示下完成动作。

练习二：腰背部位的屈伸

弓背动作是由于腹肌收缩，背肌拉长形成的，而塌腰则是由于腹背肌收缩，腹肌拉长形成的，要保持腰背部位正常的生理弯曲，需要保持腹背肌肉正常的肌紧张。腰背部位的屈伸练习有助于体会正确的肌肉感觉，并能增加脊柱的运动幅度和腹背部肌肉的控制能力。

预备姿势：跪撑，双手同肩宽，双膝并拢绷脚（图 3－1－6）。

音乐节奏：2/4

第一个八拍（图 3－1－7）

图 3－1－6

图 3－1－7

1－4 拍低头吸腹提腰，后背向上弓起，双臂伸直，头顶尽量接近肚脐部位。

5－8 拍抬头挺胸，背肌收缩塌腰，头顶接近臀部。

第二个八拍同第一个八拍，第三、四个八拍同第一、二个八拍。

第五个八拍（图 3－1－8）

1－2 拍跪立，双臂体前交叉，稍含胸。

3－4 拍跪立，腰背挺直，两臂上举，掌心向前。

5－8 拍跪坐，保持腰背挺直姿态，两臂落至侧下举。

图 3－1－8

第六个八拍（图 3－1－9）

1－2 拍上体保持挺直姿态跪坐，向左转体 90°。

3－4 拍上体转回。

5－8 拍同 1－4 拍，动作相反。

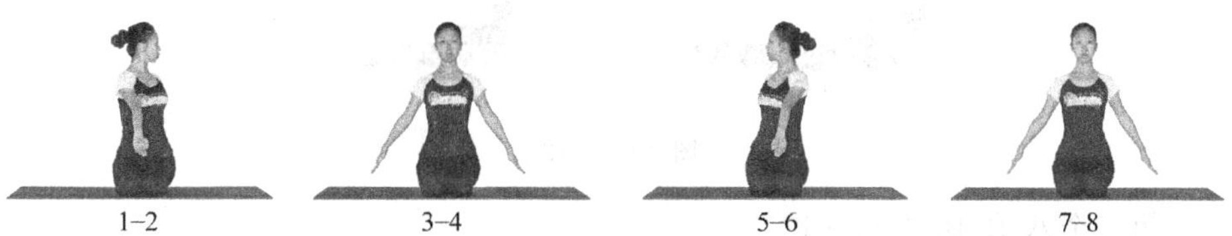

图 3－1－9

第七、八个八拍同第五、六个八拍，转体方向相反。

动作要点：弓背塌腰动作应充分伸展，着重体会腹背部肌肉收缩与拉长的感觉。跪立及体转动作应保持腰背挺直。

易犯错误及纠正方法：

（1）弓背时重心后移，臀部下坐。

（2）塌腰时屈臂。

（3）转体时腰背松弛，不收紧。

在教师的提示或同伴的帮助下反复体会动作。

练习三：胸腰后屈

胸腰后屈练习能增大躯干后群肌肉的力量，增强脊柱的柔韧性，使身体躯干部位更灵活，更舒展。

预备姿势：跪撑，重心稍前移，双臂屈臂支撑，双手同肩宽，肘向外(图 3-1-10)。

音乐节奏：2/4

第一个八拍(图 3-1-11)

图 3-1-10　　图 3-1-11

1-4 拍按头、肩、胸、腰的顺序经过手支撑的位置前移，并逐渐向前伸直，髋和膝关节至抬头挺胸腰部后屈的俯卧姿势，以两臂直臂支撑，髋和腿着地，两腿并拢。

5-8 拍保持不动。

第二个八拍(图 3-1-12)

1-2 拍屈臂俯卧，以胸贴地面，抬头。

3-4 拍直臂，上体抬起，胸腰后屈。

5-8 拍同 1-4 拍。

图 3-1-12

第三个八拍(图 3-1-13)

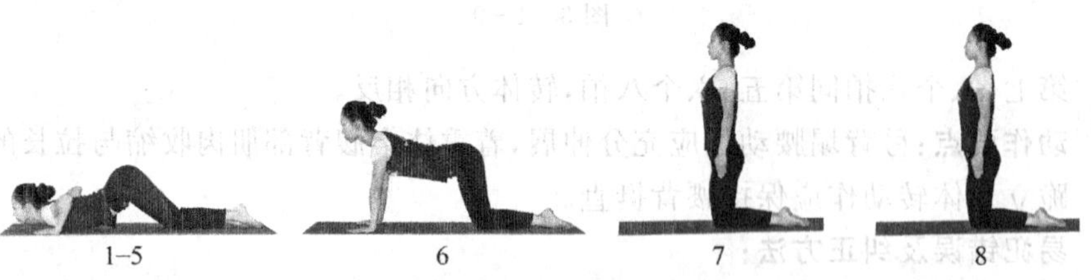

图 3-1-13

1-6 拍由屈膝提臀逐渐弓背向后移重心。

7-8 拍成跪立，两臂下垂。

第四个八拍(图 3-1-14)

1-6 拍上体后屈，抬头，两臂由下向后扶住脚踝。

7-8 拍上体还原直立，两臂至下举。

第五个八拍(图 3-1-15)

图 3-1-14　　图 3-1-15

1-4 拍跪立，两臂经侧至上举，掌心向前。

5-8 拍跪坐，上体后屈，左臂保持上举姿势，掌心向前，右手体后撑地，目视左手。

第六个八拍同第五个八拍。

第七个八拍(图 3-1-16)

1-2 拍跪坐，两臂侧举。

3-4 拍上体左侧屈，左臂侧上举，右手触左手，掌心相对。

5-8 拍同 1-4 拍，方向相反。

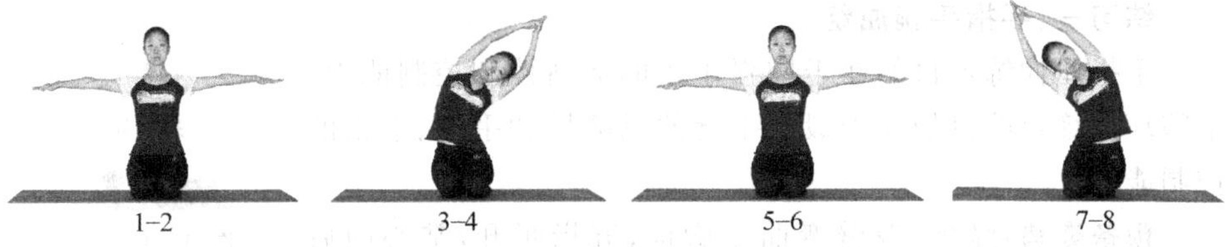

图 3-1-16

第八个八拍(图 3-1-17)

图 3-1-17

1-2 拍跪坐，两臂侧举。

3-4 拍跪立，两臂上举，掌心向前。

5-8 拍两臂交叉抱肘触地，含胸低头弓背。

动作要点：

(1) 由跪撑至俯卧支撑，应注意关节的依次屈伸。

(2) 俯卧时由屈臂到直臂，注意肩胛骨用力向一起合，胸椎、胸骨向前顶，髋腿不能离地。

(3) 跪立体后屈时，从肩、胸、腰依次向后，头向臀部方向用力。起时腹肌用力，背部向上用力。

易犯错误及纠正方法：

(1) 由于胸腰柔韧性不够，俯卧支撑时髋部离地，跪立体后屈时于不能触脚跟。可适当降低练习难度并加强柔韧练习。

(2) 动作过程不清楚，节奏不准确。可先按口令慢节奏做，再随音乐做。

(3) 体侧屈时转体。强调保持在一个平面上做。

三、上肢部位训练

上肢包括手臂、手腕和手指。柔顺的双臂，灵活的手腕和手指能给人的形体美增添韵味，能使人的每一个动作产生动态美。因此，上肢是不可缺少的主要练习部位。

练习一：手指手腕屈绕

手指屈伸练习目的在于增强手指的灵活性和控制能力。手腕环绕练习的目的在于锻炼手腕的灵活性和手腕、手指的控制能力。

图 3-1-18

预备姿势：跪坐，双臂弯曲于胸前，五指张开，掌心向后(图 3-1-18)。

第一个八拍(图 3-1-19)

1-5 拍由小指开始一拍屈一个手指至握拳。

6-7 拍停止不动。

8 拍双拳外转，拳心向前，向上抬肘至胸前平屈。

图 3-1-19

第二个八拍(图 3-1-20)

1-5 拍，由小指开始一拍伸一个手指至五指张开。

图 3-1-20

6-7 拍停止不动。

8 拍双手内转，掌心向前。

第三、四个八拍同第一、二个八拍。

第五个八拍

1-4 拍由小指开始依次屈手指至握拳，拳心向后。

5-8 拍由小指开始依次伸手指至五指张开，掌心向前。

第六个八拍同第五个八拍，第七、八个八拍同第五、六个八拍。第八个八拍的 8 拍双臂弯曲于体前，小臂与地面平行，手腕伸展，指尖向下，掌心向前，手型保持兰花指(图 3-1-21)。

第九个八拍(图 3-1-22)

图 3-1-21

图 3-1-22

1-2 拍手腕屈，向上挑手指，指尖向上，掌心向后。

3-4 拍指尖向内转掌心向后。

5-6 拍指尖经下向侧绕环 3/4 周翻手腕至指尖向上，掌心向前。

7-8 拍之间向外绕手腕至开始姿势。

第十个八拍同第九个八拍，第十一、十二个八拍同第九、十个八拍。

第十三个八拍

1-2 拍同第九个八拍的 1-6 拍。

3-4 拍同第九个八拍的 7-8 拍。

5-8 拍同 1-4 拍。

第十四个八拍同第十三个八拍，第八拍手臂落在身体两侧(图 3-1-23)。

图 3-1-23

第十五个八拍(图 3-1-24)

1-4 拍左手在左手上方做手腕绕环一次还原至体侧。

图 3-1-24

5-8 拍右手在右手上方做手腕绕环一次还原至体侧。眼随手动。

第十六个八拍同第十五个八拍。

结束动作

1-2 拍左手在左上方绕环一次落下；

3-4 拍右手在右上方绕环一次落下。

动作要点：手指的屈伸节奏要清楚，慢做时用力感觉应在指尖上，握拳要紧，五指张开应充分，快做时动作要连贯。分解慢做动作应注意指尖发力，并使动作路线清晰明确。连续动作应注意绕环圆润，节奏准确。

易犯错误及纠正方法：慢做时手指屈伸不明显，快做时动作不连贯。在口令下逐步体会用力感觉再配合音乐体会完整动作。

(1) 手腕绕环发力不正确，手腕主动用力过多。应多做分解动作练习。

(2) 动作路线不准确。

(3) 手型姿态不正确，绕环过程中手型控制力差。多做基本手型控制练习。

练习二：手臂控制

手臂控制包括手指、手腕和双臂的姿态控制。手是臂的延长部分，动作的感觉和两臂用力应成为一体。

预备姿势：跪坐，上体和头颈保持正确的基本姿态，两臂位于体侧(图 3-1-25)。

第一个八拍(图 3-1-26)

1-4 拍直臂直手型(五指并拢)前下举，掌心向下。

5-8 拍两臂前举，掌心向下，同时成跪立。

第二个八拍(图 3-1-27)

图 3-1-25

图 3-1-26

图 3-1-27

1-4 拍两臂前上举，眼看手。

5-8 拍两臂上举，掌心相对，稍抬头。

第三个八拍(图 3-1-28)

1-4 拍两臂侧上举，掌心向外，稍抬头。

5-8 拍两臂侧举，掌心向下。

第四个八拍(图 3-1-29)

图 3-1-28

图 3-1-29

1-4 拍两臂侧下举，同时成跪坐。

5-8 拍还原成开始姿势。

第五个八拍

1-2 拍两臂前下举。

3-4 拍跪立，两臂前举。

5-6 拍两臂前上举。

7-8 拍两臂上举。

第六个八拍

1-2 拍两臂侧上举。

3-4 拍两臂侧举，同时成跪坐。

7-8 拍两臂还原至体侧。

第七、八个八拍同第五、六个八拍。

第九个八拍(图 3-1-30)

1-4 拍小臂慢慢向侧方抬起，大臂贴于躯干，掌心朝上呈圆手型(腕到指有一个圆形的弧线，手指自然并拢，食指略伸直，大拇指和中指稍向里相对)。

5-8 拍小臂侧伸，大臂抬成侧举，掌心向上，同时成跪立。

第十个八拍(图 3-1-31)

1-4 拍手臂内转至掌心向前，两臂均在侧举稍前部位，同时抬肘，指尖向前，全臂的控制保持弧形。

5-8 拍控制不动。

第十一个八拍同第十个八拍的 5-8 拍，控制不动。

第十二个八拍

1-4 拍同第十个八拍的 5-8 拍。

5-8 拍翻手至掌心向下，两臂下落还原成跪坐（图 3-1-32）。

图 3-1-30　　图 3-1-31　　图 3-1-32

第十三个八拍至第十六个八拍同第九个八拍至第十二个八拍。

动作要点：直手型的举，指尖用力带动手臂远伸，前上、上、侧上的举，注意头、胸配合，两肩下沉。圆手臂的控制注意抬肘、挑手指动作，使肘稍低于肩，手又稍低于肘，同时要保持头颈及上体的正确姿态。

易犯错误及纠正方法：

（1）直手型的举臂部位不准确。反复在口令下练习。

（2）圆手型的举臂耸肩，手臂不圆，肘部过高或下垂，手指过低或指尖向上，由教师或同伴帮助摆出正确姿势，体会肌肉感觉。

练习三：手臂波浪

手臂波浪是形体练习中美化举止的重要动作，通过练习能培养练习者的协调性，并能增强手臂各关节的灵活性。其特点是手臂的若干关节有的弯曲，有的伸直，这种屈伸动作是同时进行的，当一个关节还在弯曲时，另一个关节已开始伸直。因此，能使动作体现出优美、协调的意境。

预备姿势：跪坐，头颈保持正确部位，两臂放于体侧（图 3-1-33）。

图 3-1-33

第一个八拍（图 3-1-34）

1-4 拍双臂在前下 45°做小波浪一次。

5-8 拍双臂在前举部位做中波浪一次。

第二个八拍（图 3-1-35）

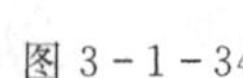

图 3-1-34

图 3-1-35

1－4 拍双臂在前上 45°做大波浪一次。

5－8 拍双臂在上举部位做前大波浪一次落于体侧。

第三个八拍(图 3－1－36)

1－4 拍双臂在体侧下 45°做小波浪一次,同时成跪立。

5－8 拍双臂在侧举部位做中波浪一次。

图 3－1－36

第四个八拍(图 3－1－37)

1－4 拍双臂在侧上举部位做大波浪一次。

5－8 拍双臂在上举部位做倒大波浪一次,还原成跪坐。

图 3－1－37

第五至第八个八拍同第一至第四个八拍。

第九个八拍(图 3－1－38)

1 拍经前至上举做大波浪一次

2 拍经前还原。

3 拍双臂经侧至上举做大波浪一次。

4 拍经侧还原。

图 3－1－38

动作要点：由肩带动手臂，稍向上提，手指向下微屈指，然后用肩带动稍下压，由肩关节开始逐步地过渡到手指，最后手指伸直。动作要连贯圆润，肘、腕、指各关节不要弯曲过大。

易犯错误及纠正方法：

(1) 肩关节过度紧张，提肩，弓背。反复体会肩背下沉的感觉。

(2) 肘、腕过分弯曲，僵硬。练习中强调各关节的放松和下垂。

(3) 手指没有屈伸动作。进行单独的手指屈伸练习和小波浪练习。

(4) 整个手臂僵硬，不协调。先进行小波浪练习，再进行中波浪、大波浪练习。

四、下肢部位训练

下肢部位包括大腿、小腿和脚以及膝、踝和脚趾关节。下肢是人体自立的基础，正确的直立感觉能使人更加挺拔，能更充分地表现出形体美的魅力。这种腿部直立感觉的强化练习，还有助于改善腿部的原始形态，使整个下肢的肌纤维向纵向发展。

练习一：直膝勾绷脚

直膝勾绷脚是通过脚踝的屈伸，拉伸大小腿后群肌肉和大小腿前侧肌肉，使膝关节充分伸展的专门练习。

预备姿势：并腿坐，立腰、挺胸、梗头、眼平视，两臂位于侧下举部位，中指指尖触地(图 3－1－39)。

第一个八拍(图 3－1－40)

图 3－1－39

图 3－1－40

1－4 拍以脚趾带动慢慢勾起脚踝，脚跟离地远伸，膝盖用力伸直，以小腿部位触地。

5－8 拍以脚趾带动伸直脚踝，绷脚面，脚跟着地脚尖用力远伸。

第二个八拍同第一个八拍，第三、四个八拍同第一、二个八拍。

第五个八拍(图 3－1－41)

图 3－1－41

1－2 拍直膝勾脚趾。

3－4 拍直膝勾脚踝。

5－6 拍直膝伸脚趾。

7－8 拍伸脚踝绷脚面。

第六个八拍同第五个八拍，第七、八个八拍同第五、六个八拍。

动作要点：勾脚、绷脚动作应以脚趾带动并经过最远的路线，勾脚时脚跟离地拉长下肢后群肌肉。此时，大腿前侧肌肉应收紧，使膝盖部位伸直。绷脚时保持大腿后群肌肉的用力，拉长下肢前侧肌肉。并腿坐时臀部肌肉收紧，保持躯干及头颈的正确位置。

易犯错误及纠正方法：

(1) 勾脚时膝盖松弛，脚跟不能离地。反复体会大腿肌肉收紧的感觉，以脚跟为用力点远伸。

(2) 绷脚时屈膝。强调在勾脚的基础上，保持大小腿肌肉收紧的情况下绷脚，脚尖用力向远伸。

(3) 做腿部动作时上体及头颈动作不正确，强调夹臀以及上体和头颈部位的姿态控制。

练习二：踝关节绕环

在伸直膝关节的基础上做踝关节绕环动作，可增加踝关节的灵活性和运动幅度，有助于小腿肌纤维向纵向发展，能起到美化小腿和踝关节的作用。

预备姿势：并腿坐，夹臀，用力收紧膝盖。绷脚，保持躯干和头颈部位的正确姿态，两臂置于体侧，中指指尖触地(图 3－1－42)。

第一个八拍(图 3－1－43)

图 3－1－42

1–2

3–4

5–6

7–8

图 3－1－43

1－2 拍用力勾起脚踝(脚尖向上)。

3－4 拍脚尖带动大腿外展，大腿内侧夹紧(脚尖向外)。

5－6 拍脚尖向斜前 45°伸展绷脚，脚跟相对。

7－8 拍大腿带动脚尖转回，绷脚，脚面向上，大腿并拢。

第二个八拍同第一个八怕，第三、四个八拍同第一、二个八拍。

第五个八拍(图 3－1－44)

1－2 拍脚尖带动大腿外展 45°，绷脚，脚跟相对。

3－4 拍勾脚，脚尖向外，大腿夹紧并外展。

5－6 拍以脚尖带动大腿转回，勾脚脚尖向上。

7－8 拍展踝关节绷脚。

图 3－1－44

第六个八拍同第五个八拍，第七、八个八拍同第五、六个八拍。

动作要点：踝关节的绕环应做到最大幅度，所有的用力都应以脚尖发力，并在大腿肌肉收紧的基础上完成。

易犯错误及纠正方法：

(1) 勾脚外展时大腿分开，脚尖不能充分外展。在同伴或教师的帮助下完成动作，体会肌肉感觉。

(2) 动作过程中膝关节松弛。强调每一个动作始终保持大小腿的紧张度，直膝。

练习三：直膝举腿

直膝的感觉在抬离地面后更加清晰，再加上视觉的作用，能使整个腿部保持正确的肌紧张。直膝举腿练习能使下肢部位变得修长、直顺。

预备姿势：仰卧，两腿伸直并拢，绷脚，稍收下颌，两手置于体侧，掌心向下(图 3－1－45)。

第一个八拍(图 3－1－46)

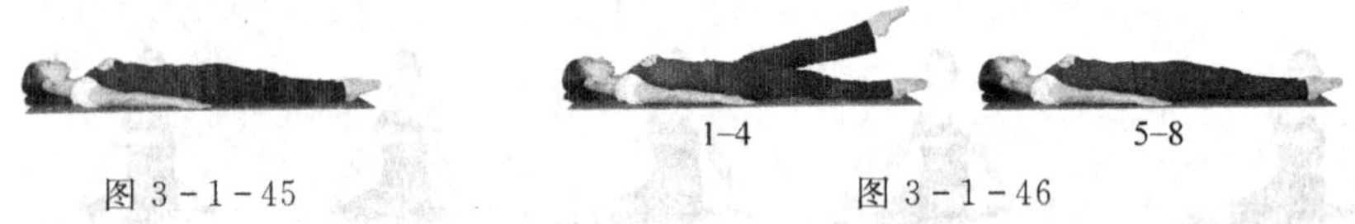

图 3－1－45　　图 3－1－46

1－4 拍左腿伸直慢慢上抬至 25°，脚面绷直远伸，大小腿肌肉收紧。

5－8 拍左腿慢慢下落，脚尖向远伸，与右腿并拢。

第二个八拍同第一个八拍，第三、四个八拍(同第一、二个八拍)，换腿做。

第五个八拍(图 3－1－47)

1－4 拍左腿伸直慢慢抬起至 45°，脚面绷直，大小腿肌肉收紧，微收下颌，目视脚尖。

5－8 拍慢慢放下与右腿并拢。

第六个八拍同第五个八拍，第七、八个八拍同第五、六个八拍，换腿做。

第九个八拍(图 3－1－48)

图 3-1-47

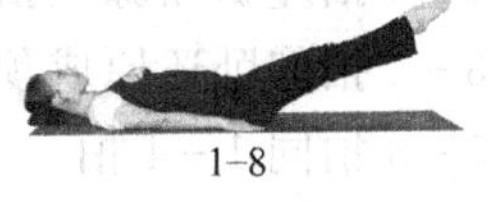

图 3-1-48

1-8 拍双腿慢慢上抬 25°,大小腿、臀部腹部肌肉收紧,脚尖远伸,控制不动。

第十个八拍(图 3-1-49)

1-8 拍保持直膝绷脚姿势慢慢下落至仰卧。

第十一个八拍(图 3-1-50)

1-8 拍双腿慢慢上抬 45°。

第十二个八拍(图 3-1-51)

1-8 拍双腿慢慢落下成仰卧。

图 3-1-49　图 3-1-50　图 3-1-51

动作要点:举腿过程始终以小腿发力,在腿向远伸的基础上向上抬起,大小腿、腹部、臀部收紧。放下过程同上抬过程,在腿向远伸的基础上下落,保持肌肉适当的紧张度。

易犯错误及纠正方法:

(1) 举腿时大胆发力,屈膝。反复强调动作要点和用力方式,体会肌肉感觉。

(2) 腿的远伸不够,形成直接举腿动作。可在脚的前面设一标志物,引导练习者在腿远伸的基础上举腿。

(3) 举腿方向度数控制不好。由教师或同伴帮助固定举腿方向。

练习四:屈直腿控制练习

单、双腿由屈到直,有一个感觉上的转换过程,屈直腿的专门练习能增强这种感觉的分化程度,从而增强腿部肌肉的控制能力。

预备姿势:仰卧,并腿,双手放于侧举部位,掌心向下(图 3-1-52)。

图 3-1-52

第一个八拍(图 3-1-53)

图 3-1-53

1-2 拍左腿屈膝上抬至胸部，同时上体抬起，两手抱膝，含胸低头触膝盖。

3-4 拍仰卧还原成预备姿势。

5-8 拍同 1-4 拍。

第二个八拍(图 3-1-54)

1-2 拍右腿屈膝上抬，上体不动。

3-4 拍直膝伸至上举，脚尖远伸。

5-6 拍控制不动。

7-8 拍右腿远伸落至并腿仰卧。

图 3-1-54

第三、四个八拍同第一、二个八拍。换左腿做。

第五个八拍至第八个八拍同第一个八拍至第四个八拍。

第九个八拍(图 3-1-55)

1-4 拍双腿屈膝上抬。

5-8 拍双腿向上伸直。

图 3-1-55

第十个八拍(图 3-1-56)

1-8 拍双腿侧分，直膝绷脚，经过侧、侧前至并腿，脚不着地控制。

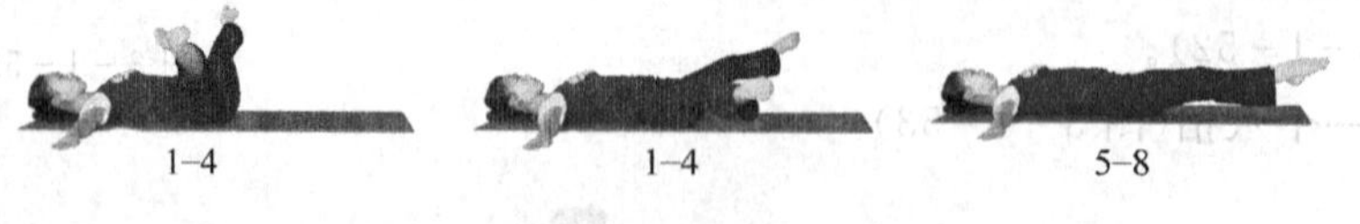

图 3-1-56

第十一、十二个八拍同第九、十个八拍。

结束姿势：1-4 拍，上体抬起，两手经后至上举，体前屈(图 3-1-57)。

图 3-1-57

动作要点：屈膝上抬腿以大腿发力，绷脚，直膝放下时脚尖远伸并腿。由屈腿伸至直腿时，臀部不能抬离地面，上举腿应与地面垂直。两腿侧分，经过侧、侧前至并腿时，两腿始终要收紧，直膝绷脚，经过最远的路线至并腿控制。

易犯错误及纠正方法：

(1) 屈膝、抬上体不够充分，头不能触膝。多练屈膝抬腿动作，增强大腿及腹肌力量。

(2) 腿由屈至直，臀部抬离地面。强调直腿上伸，与地面垂直。

(3) 两腿侧分至并腿时屈膝，远伸不够。可在帮助下以慢动作完成，着重体会大腿前部肌肉收紧的感觉。

五、站立姿态组合训练

站立姿态是否正确、优美、挺拔，主要受人体脊柱的影响，同时与骨盆位置是否正确也有直接关系。因此，正确的站立姿态要求练习者既要保持坐姿练习中头颈部位、胸腰部位正确的感知觉，使脊柱周围屈伸肌群均匀地收缩，以维持和固定脊柱的正常生理弯曲，又要使下肢部位充分伸展并保持必要的均衡紧张，通过下腹部和臀部肌肉的正确用力，使骨盆保持在正确的位置上。因此，站立姿态练习是一个综合性的练习，是身体各部位感知觉练习效果的综合体现，练习者从中可体会到正确的站立感觉，从而显示出人体的曲线美和高雅的气质。

练习一：站立控制练习

站立姿态：在立正站立的基础上，头部向上顶，两眼平视，稍收下颌；腿夹紧，挺胸、收腹、立腰、立背、紧臀、双膝伸直、背成一平面、双肩后张下沉、脚跟并拢、脚尖外开 45°～60°。

站立控制 4×8 拍。

双手叉腰控制练习：在站立控制练习后双手叉腰，在改变双肩位置的情况下，加强双肩和站立的控制能力。

双手叉腰站立控制 4×8 拍。

练习二:站立组合练习

图 3-1-58

准备姿势:两脚并拢成正步站,两手叉腰。梗头、挺胸、立腰、收腹、夹臀、直膝、两眼平视、提气、肩下沉(图 3-1-58)。

第一个八拍(图 3-1-59)

1-2 拍并步半蹲,骨盆前送,躯干后群肌肉稍放松。

3-4 拍直立,骨盆位置还原,头颈、腰背部挺直。

5-6 拍保持预备姿势,双脚提踵站立。

7-8 拍还原落下。

图 3-1-59

第二个八拍(图 3-1-60)

1-2 拍并步半蹲,骨盆后倾,稍塌腰,眼平视。

3-4 拍直立,骨盆位置还原,头颈、腰背部挺直。

5-6 拍保持预备姿势,双脚提踵站立。

7-8 拍还原落下。

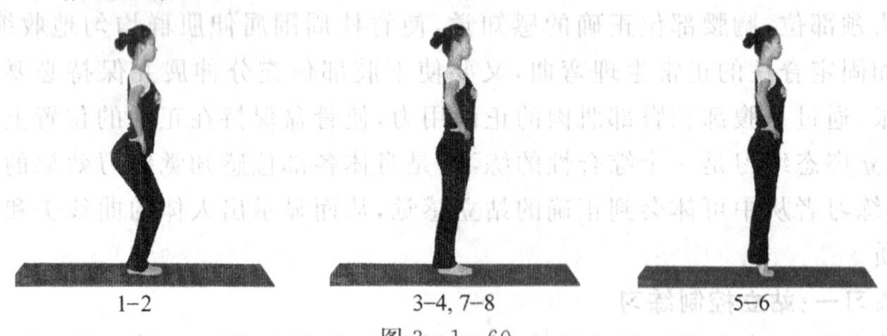

图 3-1-60

第三、四个八拍同第一、二个八拍。

第五个八拍(图 3-1-61)

1-2 拍并步半蹲,重心落于垂直部位。

3-4 拍直立。

5-6 拍提踵立。

7-8 拍还原。

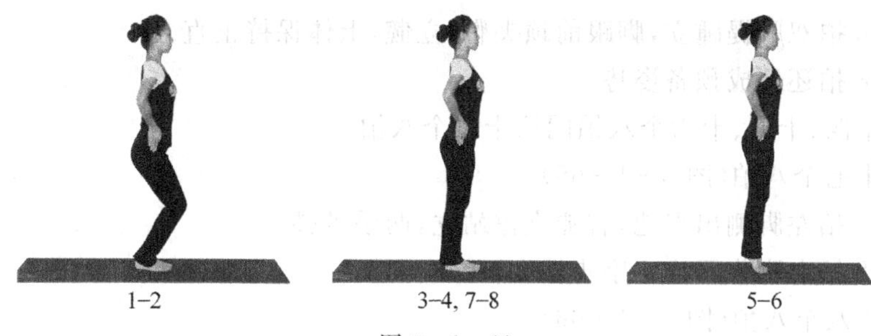

图 3-1-61

第六个八拍同第五个八拍,第七、八个八拍同第五、六个八拍。

第九个八拍(图 3-1-62)

1-2 拍并步半蹲,上体正直。

3-4 拍右腿直膝成立站,同时左腿直膝前抬 25°,勾脚。

5-6 拍左脚尖绷直在前尖点地。

7-8 拍左脚收回成并步。

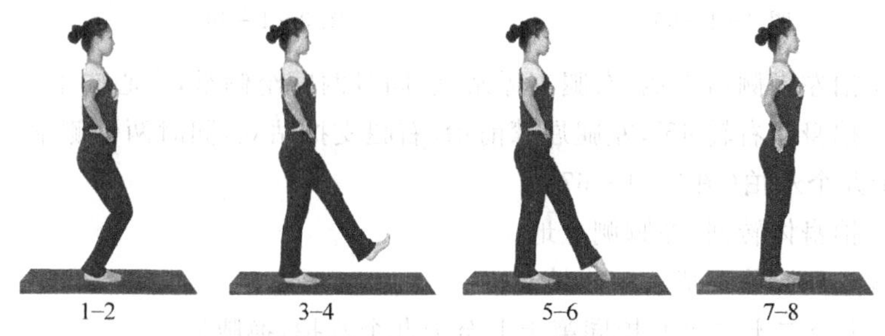

图 3-1-62

第十个八拍同第九个八拍,换腿做。第十一、十二个八拍同九、十个八拍,最后一拍两脚尖分开成八字步站立(图 3-1-63)。

第十三个八拍(图 3-1-64)

图 3-1-63　　图 3-1-64

1-2 拍半蹲,两膝向脚尖方向外展,上体保持正直,重心垂直向下。

3-4 拍直立,两腿并拢大腿内侧夹紧。

5－6 拍双脚提踵立，脚跟前顶夹臀、立髋，上体保持正直。

7－8 拍还原成预备姿势。

第十四、十五、十六个八拍同第十三个八拍。

第十七个八拍(图 3－1－65)

1－4 拍左脚侧出点地，右腿支撑站立，两手叉腰。

5－8 拍左脚收回成八字步站立。

第十八个八拍(图 3－1－66)

图 3－1－65　　图 3－1－66

1－4 拍左脚侧出点地，右腿支撑站立，同时两臂至侧举，掌心向下。

5－8 拍身体右转 45°，左腿屈膝前抬，右腿支撑站立，同时两臂侧举。

第十九个八拍(图 3－1－67)

1－4 拍身体转回，左脚侧点地。

5－8 拍左脚收回成八字步站立。

第二十至二十二个八拍同第十七至十九个八拍，换腿做。

第二十三个八拍(图 3－1－68)

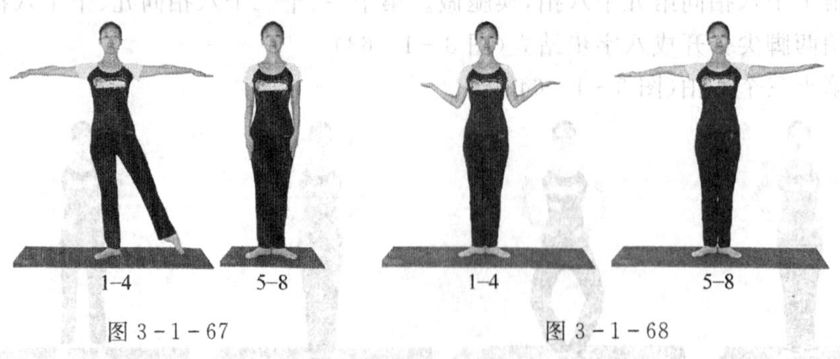

图 3－1－67　　图 3－1－68

1－4 拍小臂侧抬，大臂贴于躯干，掌心向上。

5－8 拍抬大臂至侧举部位，掌心向上。

第二十四个八拍(图 3－1－69)

1－4 拍手臂内旋，抬肘，抬指尖，成圆臂圆手型。

5-8 拍双足提踵立，手控制不动。

第二十五个八拍，控制不动。

第二十六个八拍(图 3-1-70)

图 3-1-69　　图 3-1-70

1-2 拍双足压脚跟落下。

3-4 拍提踵立。

5-6 拍同 1-2 拍。

7-8 拍同 3-4 拍。

第二十七个八拍(图 3-1-71)

1 拍双足压脚跟落下。

2 拍提踵立。

3-4 拍同 1-2 拍。

5-8 拍同 1-4 拍。

第二十八个八拍(图 3-1-72)

1-4 拍提踵立控制不动。

5-6 拍落脚跟。

7-8 拍双臂下落至体侧。

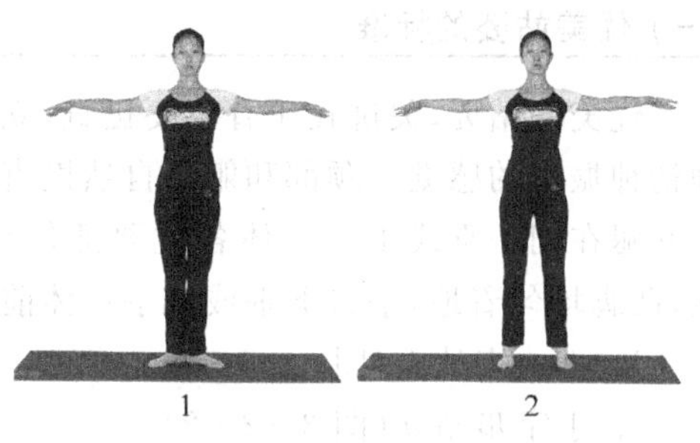

图 3-1-71

图 3-1-72

动作要点：无论是单腿站立，还是双腿站立，都要保持头颈、躯干和腿在一条直线上。所有的提踵站立，要先直膝再提踵，并保持头、颈、躯干部位的正确姿态。

易犯错误及纠正方法：

(1) 提踵立时重心前移，弓背。在保持基本站立姿态的基础上，慢慢提踵站立。

(2) 压脚跟没有弹性。两人面对面手拉手完成功作，体会动作节奏和发力点。

身体各部位正确的感知觉练习，是形体练习中最基本的方法，是其他任何一种方法所不能代替的。当人体本身掌握了正确的姿态后，会逐渐形成习惯，这种正确、良好的习惯，会影响人的一生，并且终生受益。

第二节 基本姿态训练

一、优美站姿训练

人的仪态美，是可以通过优美形体姿态来体现的，而优美的姿态又是由正确的站姿发展而来的。站姿作为仪态美的起点和基础，应得到真正的重视和有效的训练。通过站姿练习，可以提高练习者在各种情况下保持良好的身体形态的能力。

(一) 优美站姿的标准

优美的站姿，关键在于脊背要挺直，立腰、收腹、提气，身体重心向上，给人一种精神振奋的感觉。颈部和躯干自然挺直，把身体重心放在两脚之间，头、颈、躯干和腿在同一垂线上。身体各主要部位尽量舒展。双脚略微分开或成并步站立，两脚均匀着地，手臂下垂或双手在体前交叉。

1. 小八字站立(图 3-2-1)
2. 丁字步站立(图 3-2-2)
3. 直立(图 3-2-3)

图 3-2-1

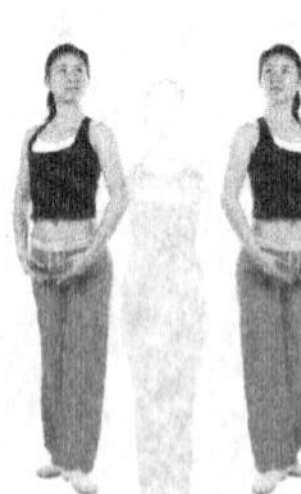

图 3-2-2

图 3-2-3

(二) 优美站姿的训练

1. 直立训练

第一个八拍(图 3-2-4)

1－4 拍直立，两手臂于体侧，收腹立腰。

5－8 拍两腿屈膝半蹲，同时挺胸、抬头。

第二个八拍（图 3－2－5）

1－4 拍低头、收腹。

5－8 拍两腿伸直还原成直立。

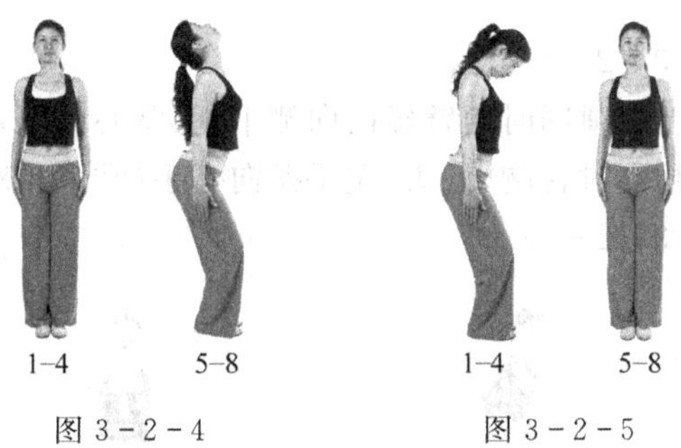

图 3－2－4　　图 3－2－5

第三个、四个八拍同第一、二个八拍，连续做 8 个八拍。

易犯错误及纠正方法：

（1）抬头时缩颈。注意抬头时头向上延伸向后划弧线抬头。

（2）下蹲时两肩内扣。练习过程中肩向侧向后打开，两臂后展时肩峰向侧后延。

2. 足尖站立训练

第一个八拍（图 3－2－6）

1－4 拍慢慢提踵立，两手臂经侧至上举（手三位）。

5－8 拍脚后跟慢慢下落，右腿屈膝，左腿伸直，同时低头含胸，两手臂前伸。

第二个八拍（图 3－2－7）

图 3－2－6　　图 3－2－7

1－8 拍两脚滚动交换，左腿屈，右腿伸直，两臂向后下伸，挺胸抬头。

反复重复第一、二个八拍。

动作要点：向上立时，收腹、立腰，头向上顶。

易犯错误及纠正方法：

落踵时没有控制。练习时要立腰、提气，有控制地慢慢落下。

3. 开立训练

第一个八拍（图 3－2－8）

1－4 拍两脚向上提踵同时两臂经前向侧平举（掌心向下）。

5－8 拍两脚落踵同时含胸、低头，左手摆向右手（掌背相对）。

第二个八拍（图 3－2－9）

图 3－2－8　　图 3－2－9

1－4 拍同第一个八拍 1－4 拍动作。

5－8 拍同第一个八拍 5－8 拍动作，方向相反。

动作要点：提踵时立腰、收臀、腿内侧收紧。

易犯错误及纠正方法：

提踵时塌腰或骨盆前倾。练习时注意挺胸、立腰，头向上延伸。

4. 单足立训练

预备：直立，手一位，挺胸、抬头，立腰、收腹。

第一个八拍（图 3－2－10）

1－4 拍左吸腿同时手二位。

5－8 拍左腿向前伸直同时手三位。

图 3－2－10

第二个八拍（图 3－2－11）

1－4 拍左腿向侧吸腿，手二位。

5－8 拍腿伸直同时手七位。

第三个八拍（图 3－2－12）

1－4 拍右腿向后抬起，两手二位。

5－8 拍腿和手还原。

1-4　5-8

图 3-2-11

1-4　5-8

图 3-2-12

第四个八拍同第三个八拍，腿相反。

第五个八拍至第八个八拍同第一个八拍至第四个八拍，腿相反。

动作要点：控制腿移动方位时，上体保持正直，收腹、立腰。

易犯错误及纠正方法：

上体不直。在练习腿移动时，保持髋部的稳定。

（三）站姿综合训练组合

站姿综合训练组合运用芭蕾的手位、脚位，结合上肢和胸部的基本动作进行练习，动作虽较简单，但要求练习者在进行练习的时候，做到从手、脚的基本动作细节入手，注重头、手的配合，动作要有幅度和美感，手臂和腿的线条要有伸长的感觉，脚尖在离地的一刹那要绷紧，通过训练身体达到自然挺拔的状态。

预备姿势：小八字脚站，挺胸、抬头，两手一位，目视前方（图 3-2-13）。

第一个八拍（图 3-2-14）

1-4 拍上体保持不动，两腿有控制地一位下蹲，保持手一位。

5-8 拍上体保持不动，腿慢慢伸直还原。

第二个八拍（图 3-2-15）

1-4 拍两脚提踵立，手一位，收腹立腰，头往上延伸。

5-6 拍上体和脚保持不动。

7-8 拍两脚跟落下。

图 3-2-13

第三个八拍（图 3-2-16）

1-4　5-8

图 3-2-14

1-4　5-8

图 3-2-15

1-4　5-8

图 3-2-16

1-4 拍左脚向侧擦地同时左手臂向侧波浪成侧下举，头转眼看左下方，右手一位不动。

5-8 拍左脚收回，左手波浪还原至一位。

第四个八拍(图 3-2-17)

1-4 拍左腿向侧控腿，两手臂经二位至七位。

5-8 拍左腿还原同时两臂波浪还原。

第五个八拍(图 3-2-18)

1-4 拍上体左转 45°同时左脚斜前擦地伸直腿，右腿屈膝，两膝并拢，手一位，头右转看前方。

5-8 拍腿不动，两手二位。

第六个八拍(图 3-2-19)

图 3-2-17　图 3-2-18　图 3-2-19

1-4 拍重心前移至左脚站立，右脚后点地同时两手七位打开，立腰，眼看右前方。

5-8 拍腿、上体保持不动，左手向上，右手保持不动，五位手。

第七个八拍(图 3-2-20)

1-4 拍右腿向后擦地伸长成左弓步，两手向下成二位。

5-8 拍右转 90°成二位蹲，两手七位。

第八个八拍(图 3-2-21)

1-4 拍重心移至右腿，左脚尖点地，手七位不动。

5-8 拍还原成直立，面向 1 点。

图 3-2-20

第九个八拍(图 3-2-22)

1-8 拍左腿向左前迈一步成左脚站立，右脚后点地，左臂斜上举，右臂后下举，“迎风展翅”，眼看左手。

第十个八拍(图 3-2-23)

1-8 拍身体不动，右腿向上抬腿控制。

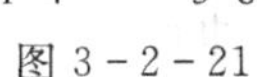

图 3-2-21

图 3-2-22

图3-2-23

第十一个八拍(图 3-2-24)

1-4 拍右腿并左腿同时半蹲,含胸低头,左臂后摆,右臂前摆。

5-8 拍半蹲不动,左臂前摆成两臂夹耳朵前伸。

第十二个八拍(图 3-2-25)

图 3-2-24　　图 3-2-25

1-8 拍向前全身波浪同时两臂向后摆至上举(三位手)。

第十三至十六个八拍同第九至十二个八拍,但方向相反。

第十七个八拍(图 3-2-26)

1-4 拍左腿向侧控腿,两臂经体前成侧平举,立腰抬头。

5-8 拍两腿屈膝,左膝向右膝内扣同时低头含胸,两臂在体前右下交叉,眼看右下。

第十八个八拍(图 3-2-27)

图 3-2-26

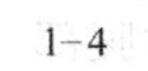

图 3-2-27

1-4 拍同第十七个八拍 1-4 拍动作，但方向相反。

5-8 拍还原。

第十九至二十个八拍，重复第十八至十九个八拍。

动作要点：

(1) 掌握手位及擦地的正确要领，挺胸、立腰。

(2) 手臂和腿的动作要有延长的感觉，动作舒展、大方。

易犯错误及纠正方法：

(1) 擦地时腿、脚松。练习时注意脚尖绷紧，腿尽量伸直。

(2) 手臂波浪时动作做不到手指尖。练习时尽量延长到手指尖上。

(3) 做动作塌腰、上体不直。练习时注意收腹、立腰，头始终有向上顶的感觉，保持腹部的紧张度。

二、坐姿

坐姿美是体现形体美的重要组成部分，也是个性、气质、风度、修养及健康的一种表征。优美的体型再加上端庄、大方的坐姿，更能增添魅力。良好的坐姿对保持健美的形体大有好处。坐是举止的主要内容之一，无论是伏案学习、参加会议、会客交谈，还是娱乐休息都离不开坐，坐姿是人体的一种静态造型，也是一种重要的动作姿态，是体态美的重要内容，它能反映出人的气质、风度和教养。

(一) 基本坐姿与要求

1. 端坐

动作要领：抬头、收腹、挺胸，沉肩梗颈，双膝并拢，双手自然下垂，保持站立的基本姿态，目光前视，面带微笑，充满自信(图 3-2-28)。

动作要求：

(1) 臀部坐在椅子的前 1/3 处，两腿、两脚并拢，大腿与小腿成 90°，双腿垂直于地面，脚尖优雅轻点于地面，两手自然放在大腿上。

(2) 上体稍稍前倾，下颌微微抬起，双肩下沉，挺腰，紧膝。

图 3-2-28

动作要点：

(1) 收腹立腰，挺胸抬头，颈部向上延伸。

(2) 耳、肩峰、髋关节在一条垂直线上，脊椎自然弯曲。

(3) 两肩放松，肩峰向侧延伸，自然下垂。

(4) 头顶向上，下颌微抬，目视前方。

易犯错误及纠正方法：

(1) 坐时弓背。练习时腹部、背部肌肉收紧。

(2) 气体在腹部。练习时注意气体上提于胸部,尽量收腹,后背肌肉保持收缩。

2. 斜腿坐

动作要领:臀部坐在椅子的前 1/3 处,两脚向左侧点地,两腿并拢小腿成斜线,两手自然重叠放在大腿上(图 3-2-29)。

动作要求:

(1) 上体保持立直,颈部自然向上延伸。

(2) 肩向两侧打开自然下垂,挺胸立腰,提气收腹。

(3) 脚后跟抬起。

图 3-2-29

易犯错误与纠正方法:

腹背肌放松。注意练习时保持腹肌、竖脊肌的收缩。

(二) 优美坐姿控制练习

1. 基本坐姿

动作要点:坐在椅子的前三分之一处,抬起脚后跟,提膝、收腹、立腰,挺胸抬头,两臂自然下垂,目视前方(图 3-2-30)。

2. 端坐抬头

动作要点:在正确端坐的基础上,胸部向前上挺,收腹、抬头(图 3-2-31)。

易犯错误及纠正方法:

抬头时缩颈、弓背。练习时注意立腰、肩下沉,颈部伸长,下颌向前向上划弧。

3. 端坐,上体向左(右)转

动作要点:在正确端坐的基础上,上体向左或向右转体 90°,躯干保持直立,一手搭在椅背上,另一手放在大腿外侧(图 3-2-32)。

图 3-2-30

图 3-2-31

图 3-2-32

易犯错误及纠正方法:

转体时没有以垂直线为轴转体。练习时注意在上体直立的情况下向左转体或向右转体。

4. 端坐拉肩

动作要点:在正确端坐的基础上,两手向后抓住椅背,胸部前上顶,拉肩,下颌向上抬(图 3-2-33)。

易犯错误及纠正方法：

拉肩时抠胸。练习时注意挺胸，后展肩。

5. 背部伸展

动作要点：髋部保持正确的位置，从腰的上部、胸部至颈部弯曲，两臂尽量向前向下延伸（图 3-2-34）。

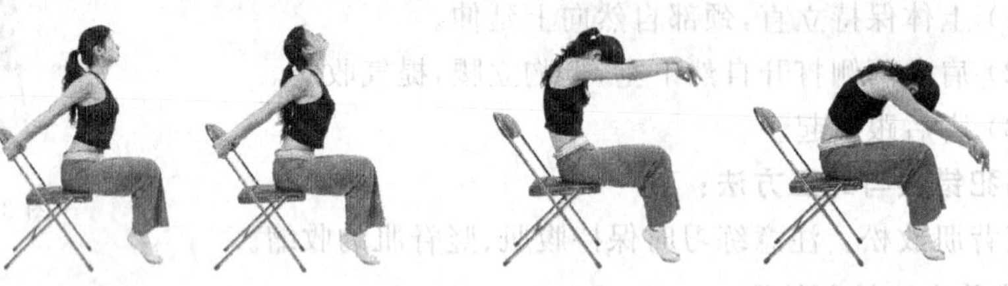

图 3-2-33　　图 3-2-34

易犯错误及纠正方法：

后背僵硬。练习时胸部尽量后顶，放松颈椎。

（三）坐姿综合训练组合

第一个八拍（图 3-2-35）

1-4 拍端坐姿势，两手于大腿旁，头部慢慢上抬至面部与地面平行。

5-8 拍头部慢慢还原。

第二个八拍（图 3-2-36）

1-4 拍保持上体姿态，慢慢低头至下颌在锁骨处。

5-8 拍头部慢慢还原。

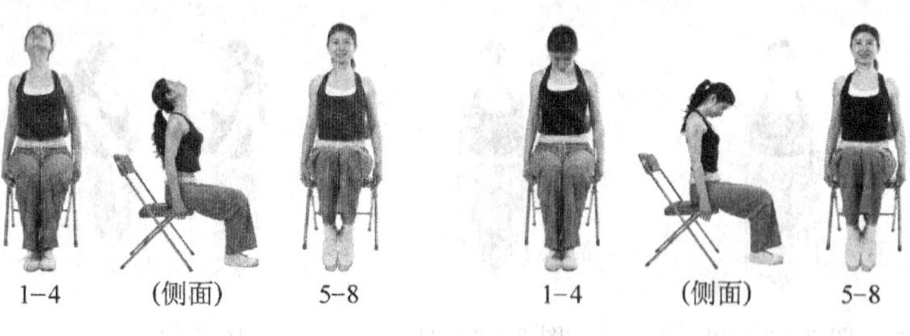

图 3-2-35　　图 3-2-36

第三个八拍（图 3-2-37）

1-4 拍端坐姿势头左屈。

5-8 拍头慢慢还原。

第四个八拍（图 3-2-38）

1-4 拍端坐姿势头右屈。

5-8 拍头部慢慢还原。

第五个八拍(图 3-2-39)

1-4 拍端坐姿势头左转。

5-8 拍头部慢慢还原。

第六个八拍(图 3-2-40)

1-4 拍端坐姿势头右转。

5-8 拍头部慢慢还原。

1-4

5-8

图 3-2-37

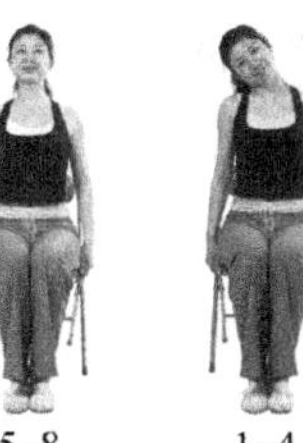
1-4

5-8

图 3-2-38

1-4
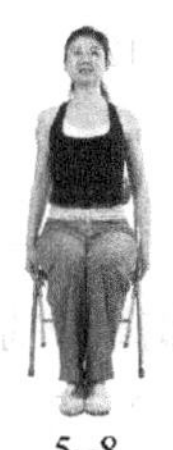
5-8

图 3-2-39

1-4

5-8

图 3-2-40

第七个八拍(图 3-2-41)

1-8 拍端坐姿势,头颈向左绕环一周。

1

2

3

4
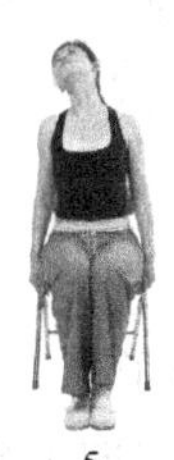
5
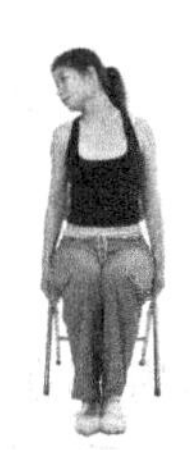
6

7

8

图 3-2-41

第八个八拍

1-8 拍端坐姿势,头颈向右绕环一周,动作同第七个八拍,方向相反。

第九个八拍(图 3-2-42)

1-4 拍两臂交叉,双手尽量向后触肩胛骨,同时含胸低头。

5-8 拍两臂经侧向后伸,展肩、挺胸抬头。

第十个八拍(图 3-2-43)

1-4 拍左腿搭在右腿上,右手扶左大腿的外侧,左手抓住椅子后背,上体左转 90°。

5-8 拍还原。

第十一个八拍(图 3-2-44)

1-4 拍右腿搭在左腿上,左手扶右大腿的外侧,右手抓住椅子后背上,上体右转 90°。

图 3-2-42　　图 3-2-43　　图 3-2-44

5-8 拍还原。

第十二个八拍(图 3-2-45)

1-8 拍后撑(臀部离开椅子,身体成一斜线)。

第十三个八拍(图 3-2-46)

图 3-2-45　　图 3-2-46

1-4 拍屈臂后撑,臀部在椅子前下落。

5-8 拍两手臂伸直,重心随之向上坐在椅子上,一腿屈,一腿伸直,挺胸抬头。

第十四个八拍同第十三个八拍动作。

易犯错误及纠正方法:

(1) 坐姿易出现弓背。练习时注意挺胸立腰。

(2) 后撑的动作易臀部下沉。练习时注意收臀收腹,保持身体成一斜线。

三、走姿训练

行走是人的基本动作之一,是人体最自然、最频繁出一种周期性位移运动,属于动态姿势,具有节奏感和流动感。行走姿态能直接反映一个人的健康状况、气质文化修养和对矫健美的认识层次。良好的姿态虽然有一定的遗传,但关键在于后天的培养和训练。通过专门的走姿训练,可以增强腰、背、胸、腿、手臂的力量和控制能力,改进原始自然行走状态,使行走的姿态更规范、更优美、更具风度、更加矫健。

(一) 走姿基本动作与要求

(1) 开始迈步时,以大腿带动小腿,先以脚跟着地,再过渡到前脚掌,身体重心落在前脚掌上,步伐要轻快。向前迈步时,膝关节向前,脚尖稍微外展。

(2) 颈部自然挺直,下颌内收,双目平视。

(3) 两肩放松,两臂自然协调地前后摆动。后摆幅度保持在30°左右,重心与前进的方向一致。

(4) 一般步长为75厘米左右,根据个人的高矮有所区别。走路时,步态应轻盈、矫健、敏捷。

(二) 走姿训练

1. 柔软走

准备姿势:直立,两手一位,收腹、立腰,肩打开下沉。

动作要领(图3-2-47):

1拍左脚尖向前擦地迈出,由脚尖过渡到全脚掌,身体重心随之前移,两手臂伸直,前后自然摆动。

2拍右脚尖向前擦地迈出,由脚尖过渡到全脚掌,身体重心随之前移,两手臂伸直,前后自然摆动。

3-8拍继续前走,动作同1-2拍。

－

1

－

2

图3-2-47

易犯错误及纠正方法:

(1) 勾脚尖出脚。练习时先练擦地出脚,出脚后脚外侧先着地。

(2) 柔软走时塌腰。练习时收腹、立腰,挺胸抬头。

2. 足尖走

动作要领(图3-2-48):

1拍左脚绷脚迈出,前脚掌着地,身体重心保持平稳,两臂自然摆动。

2拍右脚绷脚迈出,前脚掌着地,身体重心保持平稳,两臂自然摆动。

图3-2-48

3-8拍一拍一动继续前走，动作同1-2拍。

易犯错误及纠正方法：

(1) 出脚和落点不在一个位置。练习时出脚后腿要有控制，身体随之前移。

(2) 走动时腰松。收腹立腰，脚后跟不要落地。

(三) 走姿综合训练

第一个八拍(图3-2-49)

1-4拍左脚开始向前柔软步4次，两臂前后自然摆动，掌心向下。

5-8拍左脚开始向前屈膝柔软步4次，上体前倾，两臂前后自然摆动。

图3-2-49

第二个八拍(图3-2-50)

1-4拍左脚开始向前足尖步4次，手由一位到二位。

5-8拍继续柔软步4次，手经七位还原。

图3-2-50

第三个八拍(图 3－2－51)

1－2 拍右脚向前滚动步同时低头含胸,两臂前伸。

3－4 拍左脚向前滚动步同时抬头挺胸,两臂向下于体侧。

5－8 拍同 1－4 拍。

第四个八拍(图 3－2－52)

图 3－2－51　　图 3－2－52

1－2 拍左脚向前一步柔软走,两手一位。

3－4 拍左腿屈膝,右腿前伸,脚尖外侧点地,同时左臂前下伸,右臂后上伸,两臂成一条斜线。

5－8 拍重心前移,右腿向前屈膝成弓步,左脚尖后点地,右手前下伸,左手后上伸,两手臂成一条斜线。

第五个八拍(图 3－2－53)

1－4 拍右脚向左脚前方伸同时两手臂左前送出。

5－8 拍右脚向左脚并拢同时碎步向右立转 360°,右臂在上五位手,眼看左方。

图 3－2－53

第六个八拍(图 3－2－54)

1－8 拍左脚开始向前 4 次悄悄步,右臂经前向后绕环一周,左手在一位。

图 3-2-54

第七个八拍(图 3-2-55)

1-2 拍左脚向前一步,右脚并左脚,手一位。

3-4 拍左脚向前迈一步,重心前移,右脚尖后点地同时左臂侧举,右臂前举。

5-8 拍同 1-4 拍,左右相反。

图 3-2-55

第八个八拍(图 3-2-56)

1-2 拍左脚向前一步,重心前移,两腿屈膝,左脚立,右腿前伸,同时两手臂前后摆动。

3-4 拍同 1-2 拍,左右相反。

5-6 拍左脚向前碎步跑 4 步,两臂打开,挺胸抬头。

7-8 拍左腿伸直,右脚尖点地,挺胸抬头,两手臂胸前交叉。

图 3-2-56

第三节 身体平衡训练

身体平衡,其实也是力量平衡的表现,指在运动中能够自然保持正确姿势,从而发挥运动的最大效果。例如,体操运动员和舞蹈演员的身体平衡很好,他们的基本功保证了全身各肌肉力量和柔韧性的发展,以及身体的前后和两侧的力量达到平衡,因此,他们的身体美观而又优雅。相反,没有经过训练的人,可能会出现不平衡的现象,如背部和胸部的力量不平衡,会造成驼背、耸拉肩等不美观的体态。常见的不良姿态有颈前伸、驼背、含胸、骨盆后倾、膝内扣、长短腿等。

所有这些不平衡的姿态都可以通过一段时间的身体平衡练习,改善形体姿态、增强肌肉的控制能力、维持良好的身体形态。练习方法可以根据实际情况选择,可以徒手练习、可以持轻器械练习,可以站立也可以利用垫子。总之,选择适合自己的训练方法,并且坚持去做,一定会收到有效的锻炼效果。

一、起踵立体侧屈

起踵立体侧屈即双脚脚跟离地,在身体直立的情况下躯干侧屈,目的是提高立踵的平衡能力,通过练习加强腿部、核心部位肌群的控制能力。

第一个八拍:1－8 拍两脚并拢,脚后跟离开地面,两手臂经侧上举,手掌合拢,五指交叉,向上延伸(图 3－3－1)。

第二个八拍:1－8 拍上体向左侧屈(图 3－3－2)。

第三个八拍:1－8 拍上体向右侧屈(图 3－3－3)。

第四个八拍:1－8 拍两脚后跟落下,两手臂还原于胸前(图 3－3－4)。

(侧面)

图 3－3－1　　图 3－3－2　　图 3－3－3　　图 3－3－4

第五个八拍至第八个八拍动作相同,方向相反。

动作要点:起踵立时两腿加紧,收腹立腰,后背加紧。动作过程中两手臂尽量向上、向远延伸。

易犯错误及纠正方法:

(1) 侧屈时髋部用力向侧顶。练习时上体以腰以上部位侧屈。

(2) 侧屈时上体前倾、低头。练习时注意上体在额状面上侧屈。

二、单腿站立前抬腿

单腿站立前抬腿即一腿站立,另一腿抬起的动作,通过上体的转动练习进一步提高单腿站立下的身体平衡感。

准备拍:直立

第一个八拍:1-8 拍右脚站立,腿伸直,左腿向上抬起,大小腿成 90°(绷脚尖),两臂经侧向前平屈,两手手心相对合十(手指向上)(图 3-3-5)。

第二个八拍:1-8 拍上体向左转体 90°还原(图 3-3-6)。

第三个八拍:1-8 拍上体向右转体 90°还原(图 3-3-7)。

第四个八拍:右腿放下,两手经侧举至体侧(图 3-3-8)。

第五个八拍至第八个八拍动作相同,方向相反。

(侧面)
图 3-3-5

(侧面)
图 3-3-6

图 3-3-7

图 3-3-8

动作要点:抬腿时收腹立腰,头在垂直线上向上延伸。

易犯错误及纠正方法:

(1) 抬腿时出现背弓现象,加强竖脊肌训练。练习时后背肌群及竖脊肌收紧。

(2) 转体时臀部和腿随上体一起转。在练习的过程中尽量保持髋关节的稳定,盆骨维持中立位。

三、单腿向侧抬起上体侧倾

单腿向侧抬起上体侧倾即一条腿站立,另一条腿向侧抬起,上体侧倾的动作。此动作可以锻炼人体在非正常站立的情况下保持身体平衡状态的能力。

第一个八拍:1-8 拍右腿站立,左腿向侧抬起,两手侧平举(图 3-3-9)。

第二个八拍:1 - 8 拍上体向右倾斜 45°同时两臂上举,上臂贴近耳朵

(图 3－3－10)。

第三个八拍:1－8 拍上体还原,两臂侧平举(同第一个八拍)。

图 3－3－9　　图 3－3－10

第四个八拍:右腿还原成直立,两臂于体侧。

第五个八拍至第八个八拍,动作同第一个八拍至第四个八拍,方向相反。

动作要点:侧倾时抬起腿和上体成一斜线。

易犯错误及纠正方法:

(1) 身体侧倾时臀部放松,身体向前卷。练习时臀大肌收紧,两臂夹耳朵。

(2) 动作过程中两腿不直。练习时注意始终绷紧股四头肌,抬起腿,脚尖绷直。

四、向后平衡

向后平衡即一腿站立,另一腿屈膝向后抬起,主要通过体位的变化和手臂位置的变化,加强身体的平衡性与控制能力。

第一个八拍:1－8 拍左脚站立,右腿向后抬起,两手上举(图 3－3－11)。

第二个八拍:1－8 拍左腿屈,上体前倾,同时右腿屈膝后抬(膝关节朝下,大小腿在同一个平面内),两臂胸前小臂交叉(图 3－3－12)。

第三个八拍:1－8 拍两腿伸直,上体抬起,同时两臂上举。

第四个八拍:1－8 拍右臂、右腿还原成直立,两手于体侧。

第五个八拍至第八个八拍,同第一个八拍至第八个八拍,动作相反(图 3－3－13,图 3－3－14)。

图 3－3－11　　图 3－3－12　　图 3－3－13　　图 3－3－14

动作要点:俯身时上体保持于后举腿大腿成一条线,后举腿大腿与小腿成 90°,后背肌肉收紧。

易犯错误及纠正方法：

(1) 后举腿时塌腰。练习时腹肌收紧，臀部加紧。

(2) 后屈腿大小腿不在一个平面内。练习时注意膝盖朝下，脚尖朝下。

五、两腿屈膝半蹲

这个动作可以增强股四头肌的耐力素质，提高半蹲情况下的身体平衡能力。

第一个八拍：1－8 拍两腿屈膝半蹲，上体微微前倾，两臂经前至斜上举。

第二个八拍：1－8 拍身体不动，两脚跟抬起（图 3－3－15）。

第三个八拍：1－8 拍身体不动，两脚跟落下。

第四个八拍：1－8 拍两腿伸直，两臂还原成直立。

图 3－3－15

第五个八拍至第八个八拍同第一个八拍至第四个八拍。

动作要点：屈膝下蹲时，臀部向后下 45°方向，膝关节不要超过脚尖，收紧腹部。

易犯错误及纠正方法：

(1) 半蹲时膝盖超过脚尖，臀部下坐。练习时下蹲的同时注意臀部向后下 45°方向。

(2) 两臂上举时含胸低头。练习时肩胛骨向内收紧，两臂尽量夹耳朵，下颌微抬。

第四节 形体线条拉伸训练

一、伸展目的、原理

人体在经过有氧运动之后，乳酸代谢加快，堆积于体内，使身体感觉疲劳酸痛。“通，则不痛”，拉伸练习可以防止乳酸过量堆积，舒展筋脉，促进血液循环，缓解身体疲劳酸痛。另外，运动后，肌肉容易紧张收缩，形成僵硬、凝固的肌肉线条。适度的伸展调理能够修长肌肉线条，增强身体流畅感，提高身体柔韧度。

二、伸展原则与方法

(1) 静力伸展，每个部位持续 20～30 秒，避免弹振式伸展。

(2) 以个人身体状况为标准，适度调整，感觉肌肉拉紧的状态，不要出现不适或疼痛感，预防出现肌肉的损伤。

(3) 掌握肌肉的生理特点，以此为根本，顺从身体生理结构特点。

(4) 配合稳定的呼吸。

(5) 在伸展调理上所用的时间根据不同课程的目的而定，最短可用5分钟，长的可以把伸展设计为完整的一堂课。

三、伸展活动的顺序

1. 一般顺序

(1) 由大到小——先进行大肌肉群伸展，再对小肌肉群进行调理。

(2) 由上至下——颈、肩、臂、胸、背、腰、臀、腿。

2. 特殊顺序

根据训练部位或者课程需要，有针对性地进行肌肉伸展调理。如跑步运用腿部力量较多，应该加强这些部位的拉伸练习；健身球课运用腹部、手臂力量较多，课程结束前应加强对腹部、手臂部位肌肉的伸展，以此类推，其他的课程应该注重课中较多锻炼到的部位。

四、伸展活动的作用

伸展练习可以减少运动后乳酸堆积，修塑形体，促进血液循环，缓解压力，柔软筋骨肢体。

五、掌握重点

掌握人体生理结构特点：注意伸展与呼吸的配合；动作幅度不能超出目前肌肉运动范围；在伸展之前要让身体的温度有明显的升高。

六、伸展活动的内容

(一) 颈部伸展

练习一：颈部侧面伸展

动作要领：双腿自然盘坐，上身挺拔，右手放于臀部下侧，左手放于头部右侧同时轻轻用力将颈部向左肩压下(力度以感觉颈部稍微抻拉为宜)，反方向同

(图 3-4-1)。

易犯错误及纠正方法:

(1) 盘坐时上体不直。练习时挺胸立腰、两肩后展,颈部向上延伸。

(2) 侧屈时颈部向前、低头。练习时颈部保持正常位,与肩在同一平面内。

练习二:颈部后侧伸展

动作要领:双手交叉放于头部后侧,掌心发力将头部向前压,下巴靠向锁骨,颈部后侧肌肉伸展(图 3-4-2)。

图 3-4-1

图 3-4-2

易犯错误及纠正方法:

(1) 低头时缩颈。练习时颈部保持正常延伸位,肩放松下垂。

(2) 弓背。练习时腹部、背部始终保持收紧。

练习三:颈部前侧伸展

动作要领:双手交叉,掌心向下放于下巴下方,双臂柔和用力将下巴抬高,颈部前侧伸展,避免颈部过度后仰(图 3-4-3)。

图 3-4-3

易犯错误及纠正方法:

(1) 低头时缩颈。练习时颈部保持正常延伸位,两肩向后展开。

(2) 弓背。练习时挺胸抬头,下颌尽量上抬。

(二) 肩部、臂部伸展

练习一:肩部伸展

动作要领:双腿自然盘坐,上身挺直,右臂颈后弯曲,掌心向前,拇指向下,左臂向上,左手放于右肘上,柔和发力帮助右臂向左侧伸展;反方向同(图 3-4-4)。

易犯错误及纠正方法:

(1) 大臂没有抬至上举,只拉臂肩部未向远处伸展。练习时大臂尽量上抬,肩关节伸展开。

(2) 弓背低头。练习时上体保持脊柱的自然位与延伸再侧拉肩。

练习二:臂部肱三头肌伸展

动作要领:双腿自然盘坐,上身挺拔,左臂向上伸展,大臂贴近耳根,肘屈,右手握住左大臂,柔和向右侧发力,帮助左侧肱三头肌伸展;反方向同(图 3-4-5)。

图 3-4-4

图 3-4-5

易犯错误及纠正方法：

(1) 大臂未抬至上举。练习时大臂尽量上抬。

(2) 弓背低头。练习时上体保持锥体的自然位与延伸再侧拉肩。

(三) 胸部伸展

动作要领：双腿自然盘坐，上身挺拔，双臂尽量向后伸展(图 3-4-6)；或双手于头后交叉，肘部尽量外展，带动胸部伸展(图 3-4-7)；或双手轻触地面，展胸(图 3-4-8)；或由一人帮助向后拉肩，伸展胸部。

图 3-4-6

图 3-4-7

图 3-4-8

易犯错误及纠正方法：

拉伸时两臂向外伸展大臂未与地面平行，拉伸时两手抱头，肘关节在平行线上外展。

(四) 腹部伸展

练习一：腹部伸展

动作要领：俯卧肘撑，脊椎自然向斜上方拉长，腹肌伸展(图 3-4-9)。

易犯错误及纠正方法：

肘撑后仰时只抬头缩颈，未伸展腹部。练习时头部尽量向前向上延伸。

练习二：侧腰伸展

动作要领：双腿自然盘坐，左手放于体侧，左肘屈，右手臂经头侧向左侧伸展，带动右侧腰伸展；反方向同(图 3-4-10)。

图 3-4-9

图 3-4-10

易犯错误及纠正方法：

(1) 侧拉腰时转上体。在练习过程中始终保持上体直立且不能转体。

(2) 侧拉时低头。注意头部是在侧拉时向侧延伸。

(五) 背部伸展

练习一：背部伸展

动作要领：双腿自然盘坐，双手体前合十，手指向前，两臂双手用力向前伸带动背部伸展(图 3-4-11)。

练习二：下背部伸展

动作要领：跪姿——胸腹贴膝，手臂向前伸展，背部放松(图 3-4-12)。

练习三：背部伸展

动作要领：跪撑拱背，伸展背部(图 3-4-13)。

图 3-4-11

图 3-4-12

图 3-4-13

易犯错误及纠正方法：

手臂前伸幅度不够。要尽量前伸，才能拉伸背部肌群。

(六) 臀部伸展

练习一：仰卧收腿臀部伸展

动作要领：仰卧屈腿，双手抱紧大腿后侧，将双腿拉向身体，伸展臀部(初级)；仰卧，右小腿搭在左大腿上，双手抱住左大腿后侧，柔和用力将左腿拉向腹部，伸展臀部及大腿外侧(高级)；反方向同(图 3-4-14)。

练习二：直腿坐臀部伸展

动作要领：坐姿，双腿伸直，上身挺拔，左腿保持，右膝关节弯曲，右脚放于左膝关节外侧，左臂抱住右腿柔和向左侧用力，伸展臀部及大腿外侧；反方向同(图 3-4-15)。

图 3-4-14

图 3-4-15

练习三：仰卧屈膝臀部伸展

动作要领：仰卧，右膝关节弯曲放于左腿上方，左手轻轻按住右腿外侧，柔和

向地面用力，右臂伸展固定在地面上，伸展大腿外侧、臀部及腰侧；反方向同（图 3-4-16）。

练习四：盘膝臀部伸展

动作要领：两膝盖上下重叠膝盘坐，双手自然放于体侧，身体稍前倾，伸展背部、臀部及大腿外侧肌肉（图 3-4-17）。

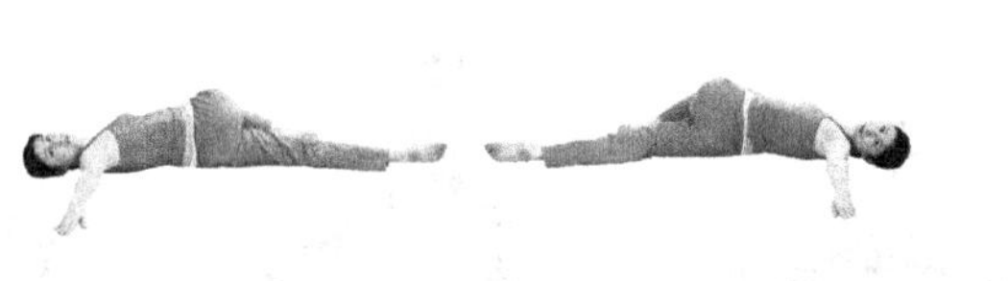

图 3-4-16

图 3-4-17

易犯错误及纠正方法：

（1）动作错误伸展不充分。练习过程中感知肌肉的伸展，体会效果。

（2）弹振式伸拉。伸展练习应进行舒缓式拉伸，如拉伸到达一个位置后停 12 秒钟再深层拉伸，连续三次，效果更好。

（七）腿部伸展

练习一：弓步拉伸大腿前侧

动作要领：左弓步，右膝关节平放于地面上，大腿于地面呈 135°，上身挺拔，双手自然放于左大腿上，髋关节柔和地向前、向下方向用力，伸展右大腿前侧及髋关节；反方向同（图 3-4-18）。

练习二：站姿拉伸大腿前侧

动作要领：站立，左腿后屈，右手抓脚背，大腿并拢，脚后跟贴近臀部，左臂侧平举；反方向同（图 3-4-19）。

图 3-4-18　　　　图 3-4-19

练习三：屈膝坐拉伸大腿内侧

动作要领：向外屈膝坐姿，两脚心相对，膝关节尽量靠近地面，双手放在膝关节内侧，柔和向地面用力，拉伸大腿内侧韧带和肌肉（图 3-4-20）。

练习四：分腿坐拉伸大腿内侧

动作要领：分腿坐姿，双腿向两侧打开至自身最大幅度，双手撑地，身体保持挺拔稍前倾，拉伸大腿内侧韧带和肌肉（图 3-4-21）。

练习五：站立分腿拉伸大腿内侧

动作要领：双脚宽于肩站立，双手自然放于大腿上，右膝关节稍微弯曲，重心右移，拉伸大腿内侧；反方向同（图 3-4-22）。

图 3-4-20

图 3-4-21

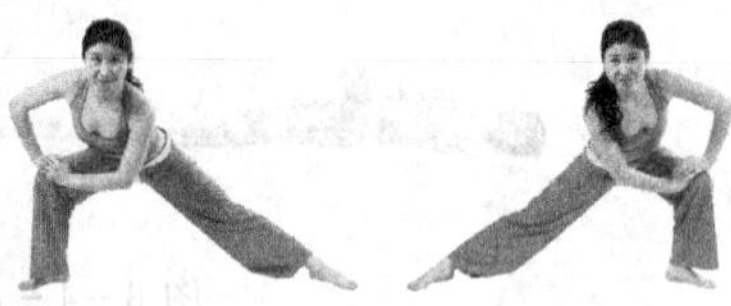

图 3-4-22

练习六：单腿屈膝拉伸大腿后侧

动作要领：单腿外屈膝坐姿，右腿向右斜前方打开，左腿弯曲，脚心贴近右大腿内侧，双手握脚心，身体保持挺拔稍前倾，伸展大腿后侧；反方向同（图 3-4-23）。

练习七：腿部后侧肌群

动作要领：左腿屈膝，右脚侧前伸，脚尖回勾，双手自然放于左大腿上，上身保持挺拔，稍前倾，伸展腿后侧肌群；反方向同（图 3-4-24）。

图 3-4-23

图 3-4-24

易犯错误及纠正方法：

（1）动作错误伸展不充分。练习过程中感知肌肉的伸展，体会效果。

（2）弹振式伸拉。伸展练习应进行舒缓式拉伸，拉伸到达一定位置后停 12 秒钟再深层拉伸，连续三次，效果更好。

（八）整体伸展

练习一：侧弓步拉伸身体外侧

动作要领：双脚宽于肩站立，左手自然放于左大腿上，屈左膝成左侧弓步，右臂向斜上方伸展，拉伸身体右侧肌肉韧带；反方向同（图 3-4-25）。

练习二：交叉站立拉伸身体外侧

动作要领：双腿交叉站立，左脚在前，左手扶髋关节，右臂向斜上方伸展，伸

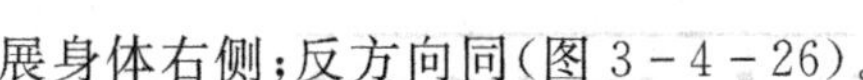

展身体右侧;反方向同(图 3-4-26)。

练习三:站立身体伸展

动作要领:双脚与肩宽站立,双手努力向上延伸,带动身体前侧伸展(图 3-4-27)。

图 3-4-25

图 3-4-26

(正面) (侧面)

图 3-4-27

易犯错误及纠正方法:

(1) 动作错误伸展不充分。练习过程中感知肌肉的伸展,体会效果。

(2) 弹振式伸拉。伸展练习应进行舒式是拉伸,拉伸到达一定位置后停 12 秒钟再深层拉伸,连续三次,效果更好。

第四章　形体训练中级课程

本课程的目标是在初级课的基础上，以基本动作为核心内容，动作和组合的变化会比初级复杂，出现全身各部位配合的复杂性动作，同时要求在保持正确身体基本姿态的基础上，完成以肢体动作表达一般情感的组合和成套练习。并通过不同方式的身体训练达到改变形体姿态和身材比例的目的。

第一节　形体基本姿态训练

一、扶把基本姿态练习

利用把杆练习的目的是为完成以后的徒手动作、各种姿态的组合训练做准备。它可以用来矫正身体姿势，发展腿部力量、耐力，进行身体的柔韧性练习，提高动作的稳定性，改善身体的协调性。对形体训练的初学者来说，要掌握正确的动作要领，把杆训练显得尤为重要。开始时可以双手扶把，以帮助控制身体姿势。经过一段时间的练习后，可改为单手扶把。把杆最好能升降，以适应不同高度学生的需求。正确的把杆高度是：面对把杆，两臂微屈，身体直立，两手轻轻扶把后，肘部和把杆齐平。

扶把基本姿态训练是在身体各部位正确的感知觉练习的基础上，采用站姿手扶把杆所进行的基本形态练习手段。扶把练习的内容丰富，动作严谨、规范。上体姿态和手臂姿态是在“保持，控制”的基础上进行强化，并着重对下肢的柔韧、灵活、力量和控制能力进行训练。在动作组合中，更注重上下肢及头部的配合以及左右前后的对称性练习，这些是基本姿态和基本能力训练的有效手段，也是形体训练中不可缺少的重要内容。

把杆的高度一般位于练习者腰部的水平位置。扶把的方法有两种，一种是双手扶把，即面对把杆站立，身体与把杆相距30厘米左右，双臂自然弯曲，两手间距同肩宽。另一种是单手扶把，即侧对把杆站立，单臂弯曲肘关节，手轻放在体侧的把杆上，小臂稍靠前，肘关节在身体与把杆之间。

(一) 擦地

擦地是一个基础动作，即脚由全脚掌着地逐渐用力远伸至脚尖点地，再由脚尖点地用力回收至全脚掌着地的过程。擦地练习可以锻炼腿部肌肉，增强脚底肌群、腿外侧肌群的力量和脚踝关节的灵活性。

擦地时上体要正直，收腹、立腰、收臀、大腿外旋，重心始终在支撑腿上。向外擦出时，膝盖伸直，脚跟用力前顶，并经过半脚掌到最后完全绷起脚尖点地。在收回过程中，膝盖伸直，由脚尖点地经过前脚掌、脚跟渐渐地到全脚着地收回。向前向后擦地从五位开始，向侧擦地从一位开始。

练习一：一位擦地（以左侧为例）

预备姿势：面对把杆一位站立，双手扶把（图 4-1-1）。

准备拍：1-8 拍一位站立不动，收腹、立腰、肩下沉，大腿和臀部肌肉收紧，大腿外旋，膝盖伸直对准外开的脚尖，头颈保持正确姿态，目视前方。

第一个八拍（图 4-1-2）

1-4 拍左脚向侧擦出点地。

5-8 拍停止不动。

第二个八拍（图 4-1-3）

图 4-1-1　　图 4-1-2　　图 4-1-3

1-4 拍左脚收回成一位。

5-8 拍停止不动。

第三、四个八拍同第一、二个八拍。

第五个八拍（图 4-1-4）

1-4 拍左脚向侧擦出点地。

5-8 拍左脚收回成一位站立。

第六个八拍同第五个八拍，第七、八个八拍同第五、六个八拍。

第九个八拍（图 4-1-5）

1-2 拍左脚向侧擦出。

3-4 拍勾脚，脚跟前顶。

5-6 拍绷脚，脚尖点地。

7-8 拍左脚收回成一位。

图 4-1-4　　图 4-1-5

第十个八拍同第九个八拍，第十一、十二个八拍同第九、十个八拍。

练习二：前侧后擦地

预备姿势：侧对把杆，右手扶把，左脚在前五位站立，左手背后叉腰（图 4-1-6）。

准备拍：1-4 拍前奏。5-8 拍左臂经下至弧形侧举，高度与肩平，手指微向上，手心对后斜下方，手型为兰花指（山膀位）（图 4-1-7）。

第一个八拍（图 4-1-8）

1-2 拍左脚向前擦出成前点地。

图 4-1-6　　图 4-1-7　　图 4-1-8

3-4 拍左脚收回成五位站立。

5-8 拍同 1-4 拍。

第二个八拍（图 4-1-9）

1-2 拍左脚向前擦出点地。

3-4 拍勾脚，脚跟前顶。

5-6 拍绷脚前点地。

7-8 拍左脚收回成五位。

第三、四个八拍同第一、二个八拍，最后一拍收脚成一位（图 4-1-10）。

图 4-1-9　　图 4-1-10

第五个八拍(图 4-1-11)

1-2 拍左脚向侧擦出成侧点地。

3-4 拍左脚收回成一位。

5-8 拍同 1-4 拍。

第六个八拍(图 4-1-12)

图 4-1-11　　图 4-1-12

1-2 拍左脚向侧擦出点地。

3-4 拍勾脚,脚跟前顶。

5-6 拍绷脚侧点地。

7-8 拍左脚收回成五位。

第七、八个八拍同第五、六个八拍。最后一拍左脚收回成后五位。

第九个八拍(图 4-1-13)

1-2 拍左脚向后擦出点地。

3-4 拍左脚收回成后五位。

5-8 拍同 1-4 拍。

第十个八拍(图 4-1-14)

1-2 拍左脚向后擦出点地。

3-4 拍勾脚,脚尖外展,脚跟下压前顶,大腿外旋。

5-6 拍左脚后点地立。

图 4－1－13　　图 4－1－14

7－8 拍左脚收回成后五位站立。

第十一、十二个八拍同第九、十个八拍。

结束拍:1－8 拍左手经下收至叉腰部位(图 4－1－15)。

动作要点:

(1) 向侧擦地时,脚跟尽量向前顶,沿支撑腿内侧一直线擦出和收回。

(2) 向前擦地时,以脚跟领先擦出,脚跟尽量提高,擦出脚的脚尖对准支撑脚的脚跟,收回时脚尖主动向支撑脚的脚跟靠拢。

图 4－1－15

(3) 向后擦出时,以脚尖领先擦出,腿外旋,脚跟向下,擦出脚的脚尖对准支撑脚的脚跟,收回时脚跟主动向支撑腿靠拢。

易犯错误及纠正方法:

(1) 擦地时身体重心降低,形成骨盆转动。练习时注意收腹、收臀、立腰,将身体重心提高。

(2) 支撑腿的小脚趾离地。强调从大腿和膝关节处外展,使身体重心落在全脚上。

(3) 脚擦出过程中脚尖离地,膝盖部位松弛。在教师或同伴的帮助下以慢节奏完成动作,体会正确的动作要领。

(二) 小踢腿

小踢腿即快速有力地踢起到 25°或 45°高度后收回。这个动作可以训练腿部肌肉的力量、控制力和柔韧性。做小踢腿时,上体要正直,收腹、立腰、收臀,两腿外旋,重心在支撑腿上。踢腿时要较快地经过擦地绷脚面踢向空中 25°,收回时要经过脚尖着地然后收回。

预备姿势:侧对把杆右手扶把五位站立,左手叉腰(图 4－1－16)。

准备拍:1－4 拍前奏。5－8 拍左臂经下至山膀位(图 4－1－17)。

图 4-1-16

1-4

5-8

图 4-1-17

第一个八拍(图 4-1-18)

1-2 拍左腿前踢 25°。

3-4 拍停止不动。

5-6 拍左脚前点地。

7-8 拍擦地收回成前五位。

第二个八拍同第一个八拍。

第三个八拍(图 4-1-19)

1-4　5-6

7-8

图 4-1-18

1-4

5-6

7-8

图 4-1-19

1-2 拍左腿向侧踢出 25°。

3-4 拍停止不动。

5-6 拍左脚侧点地。

7-8 拍收回成前五位。

第四个八拍同第三个八拍,最后一拍收成后五位。

第五个八拍(图 4-1-20)

1-2 拍左脚向后踢出 25°。

3-4 拍停止不动。

5-6 拍左脚后点地。

7-8 拍收回成后五位。

第六个八拍同第五个八拍。

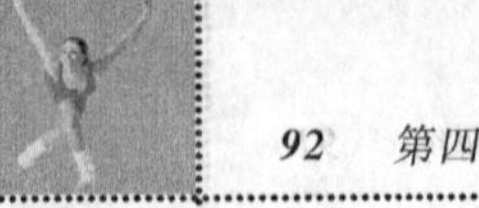

图 4-1-20

第七个八拍(图 4-1-21)

1-2 拍左脚向侧踢出 25°。

3-4 拍经侧点地收回成后五位。

5-6 拍同 1-2 拍。

7-8 拍经侧点地收回成前五位。

图 4-1-21

第八个八拍同第七个八拍。

结束拍:1-8 拍左臂经下手指叉腰(图 4-1-22)。

动作要点:在做踢腿时,大小腿肌肉及脚面都要收紧;前踢时每次收回五位时动力腿的脚尖一定要碰到支撑腿的脚跟;向侧踢时,动力腿在着地时要经过正确的二位直线收回五位。

图 4-1-22

易犯错误及纠正方法:

(1) 向前踢腿时伸髋。练习时应注意腹背肌收紧,重心在支撑腿上,不要前移。

(2) 向侧踢腿时,腿外旋不够,踢腿方向不正。练习时应注意腿外旋以大腿发力,臀部肌肉收紧,骨盆要正。

(3) 向后踢腿时,骨盆前倾或动力腿打开,身体向外转动。练习时注意收腹、立腰、收臀和腿外旋,两肩保持平行。

(4) 踢出时无制动,点地时腿松弛。在踢腿的一侧放置标志物,体会踢腿后的制动感觉。点地后要经过擦地收回。

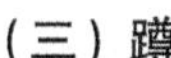

(三)蹲

蹲是跳跃动作的基础,能锻炼腿部肌肉的弹力和控制力,还能拉长大小腿肌肉,是"美化"下肢、控制上体姿态的重要练习手段。

蹲有半蹲和全蹲两种:半蹲时膝关节弯屈接近 90°,一般在腿尽量外旋、脚跟不离地的条件下完成,全蹲即两腿弯曲、大腿接近于小腿的深蹲。

练习一:一位蹲

预备姿势:面对把杆一位站立,双手扶把(图 4-1-23)。

准备拍:1-8 拍一位站立不动(图 4-1-24)。

第一个八拍(图 4-1-25)

图 4-1-23　图 4-1-24　图 4-1-25

1-4 拍半蹲,上体保持正直,收腹、立腰、收臀,两腿外旋,全脚掌着地。5-8 拍起立,脚跟用力下压,大腿内侧肌肉收紧,两腿伸直,两膝对着脚尖的方向。

第二个八拍同第一个八拍。

第三个八拍(图 4-1-26)

图 4-1-26

1-4 拍全蹲,在半蹲后继续下蹲至小腿三头肌拉长至最大限度、脚跟不得不离开地面时,才被动地离地。

5-8 拍起立,以脚跟先着地,然后逐渐伸直腿。

第四个八拍同第三个八拍。

练习二：一位、二位、踏步蹲（以右侧为例）

预备姿势：侧对把杆一位站，右手扶把，左手叉腰（图 4-1-27）。

准备拍：1-4 拍前奏。5-8 拍左手经下摆至山膀位（图 4-1-28）。

第一个八拍（图 4-1-29）

图 4-1-27　　图 4-1-28　　图 4-1-29

1-4 拍一位半蹲，大腿的膝、踝外展，脚跟不离地，膝关节弯曲近 90°。

5-8 拍起立。

第二个八拍同第一个八拍。

第三个八拍（图 4-1-30）

1-4 拍双脚一位提踵立，左臂上举，掌心向内。

5-8 拍提踵半蹲，手臂不动。

第四个八拍（图 4-1-31）

图 4-1-30　　图 4-1-31

1-2 拍脚跟落下成一位半蹲，左臂下落至胸前平屈，掌心向后。

3-4 拍左手翻腕至掌心向前。

5-8 拍起立，同时右手侧拉至山膀位。

第五、六个八拍同第三、四个八拍。最后一拍左脚向侧擦地成二位（图4-1-32）。

第七个八拍（图 4-1-33）。

图 4-1-32

1–4 5–8

图 4-1-33

1-4 拍二位半蹲。

5-8 拍起立。

第八个八拍同第七个八拍。

第九个八拍(图 4-1-34)

1-4 拍双脚一位提踵立,左臂至上举,掌心向内。

5-8 拍提踵半蹲,手臂不动。

第十个八拍(图 4-1-35)

1–4 5–8 1–4 5–8

图 4-1-34 图 4-1-35

1-2 拍脚跟下压落脚半蹲,左臂落至胸前平屈,掌心向后。

3-4 拍手外翻至掌心向前。

5-8 拍直立,同时左手侧拉至山膀位。

第十一、十二个八拍同九、十个八拍。

第十三个八拍(图 4-1-36)

1-4 拍左脚收至右腿后成踏步半蹲,左臂经上至胸前稍低部位,手指微向上手心对前斜下方(按掌位),上体右转 45°。

5-8 拍继续下蹲至全蹲,右脚全脚掌着地,左脚跟提起,左膝位于右膝后,上体及手臂姿态不变。

第十四个八拍(图 4-1-37)

1-8 拍保持上体及手臂姿态起立。

第十五个八拍(图 4－1－38)

1－2 拍踏步蹲。

3－4 拍起立。

5－8 拍同 1－4 拍。

图 4－1－36　　图 4－1－37　　图 4－1－38

第十六个八拍(图 4－1－39)

1－4 拍右臂下摆，经侧摆至上举成弧形，手的位置在额前上方，手心向斜上方，食指对眉梢成托掌位，上体左转 45°，目视左前方。

5－8 拍停止不动。

结束拍：1－4 拍左脚收回成一位，上体转回。5－8 拍右臂经侧下摆至叉腰(图 4－1－40)。

图 4－1－39　　图 4－1－40

动作要点：下蹲和起立时要有内在的对抗力，蹲时要有由下向上的阻力感觉，起时要有往下压的感觉。两膝对着脚尖方向向侧分开，下蹲后不要停顿，应立即起立，两腿伸直动作要连贯。

易犯错误及纠正方法：

(1) 上体前倾和撅臀。练习时强调膝盖向脚尖方向分开，臀部肌肉及腿外旋肌群用力收紧，上体头颈保持正确姿态。也可利用墙壁，对墙而做，注意两腿外旋和臀部前顶。

(2) 重心偏于脚内侧。练习时注意腿尽量外开，以全脚掌着地。

(3) 下蹲后"坐在脚跟上"(即身体重心落压脚跟上)。练习时注意保持腿部肌肉的紧张度，下蹲后立即起立，动作要连贯。

(四) 单腿蹲

单腿蹲是在双腿蹲的基础上进一步加难练习。单腿蹲以半蹲为主，可以锻炼腿部力量和控制力。

预备姿势：侧对把杆五位站立，右手扶把，左手叉腰(图 4-1-41)。

准备拍：1-4 拍前奏。5-8 拍左手经下摆至山膀位(图 4-1-42)。

图 4-1-41　　图 4-1-42

第一个八拍(图 4-1-43)

图 4-1-43

1-2 拍右腿半蹲，左脚离地绷脚收于右踝前，屈膝外展。

3 拍右腿直立，左小腿前伸，大腿不动，脚面外展。

4 拍右脚提踵立，左腿前举。

5 拍右腿先落脚跟再屈膝半蹲，左腿前举不动。

6 拍右腿伸直提踵立，左腿前举。

7 拍落脚跟，右腿直立，左脚前点地。

8 拍左脚经擦地收回成五位站立。

第二个八拍同第一个八拍。

第三个八拍(图 4-1-44)

1-2 拍左腿蹲,右腿屈膝离地,绷脚收于右踝后,右膝外展。

3 拍左腿直立,右腿向后伸直。

4 拍左腿提踵立,右腿保持后举不动。

5 拍左腿落脚后半蹲,右腿保持后举不动。

6 拍左腿直立,右腿后举。

7 拍左腿直立,右腿后点地立。

8 拍右腿经擦地收回后成后五位。

图 4-1-44

第四个八拍同第三个八拍。

第五个八拍(图 4-1-45)

1-2 拍右腿屈膝半蹲,左腿屈膝侧抬,左脚绷脚收于右踝前。

3 拍右腿直立,左腿向侧伸直。

4 拍右腿提踵立,左腿保持侧举不动。

5-6 拍右腿落脚后跟半蹲,左腿侧举。

7 拍右腿直立,左腿侧点地。

8 拍左腿擦地收回成前五位。

第六个八拍同第五个八拍。

图 4-1-45

结束拍：1-8 拍左手经下摆至叉腰（图 4-1-46）。

动作要点：单腿蹲时，支撑腿蹲脚跟不能离地，膝踝充分外展，上体保持正确姿态。前举腿蹲大腿应稍外旋，脚面向上，后举腿蹲应有向两头伸展的感觉，保持后背的紧张度。蹲起动作应连贯，不能停顿。

图 4-1-46

易犯错误及纠正方法：

(1) 单腿蹲时上体前倾。练习时应注意收腹、立腰、收臀，保持上体正确姿态。

(2) 单腿蹲时侧膝腿开度不够。练习时应注意膝盖充分外展，两膝对准脚尖方向。

(3) 举腿时伸髋。注意收腹、收臀、立腰，将身体重心提高。

(五) 下腰

腰部练习能增强腰部肌肉的控制能力和柔韧性，在形体练习中起着重要的作用。下腰可以向各个方向，如前、后、侧及腰部的绕环，有单脚或双脚站立和跪立的下腰。

练习一

预备姿势：侧对把杆正步站立，右手扶把，左手叉腰（图 4-1-47）。

准备拍：1-4 拍前奏。5-8 拍左手经下摆至山膀位（图 4-1-48）。

图 4-1-47　图 4-1-48

第一个八拍（图 4-1-49）

图 4-1-49

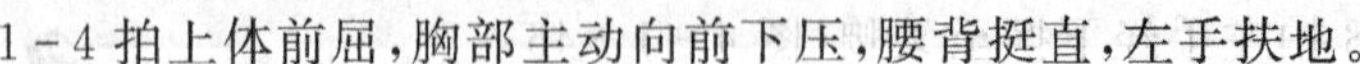

1-4 拍上体前屈，胸部主动向前下压，腰背挺直，左手扶地。

5-8 拍上体直起，左手经前至上举，掌心向上成托掌位。

第二个八拍(图 4-1-50)

1-4 拍上体后屈，以肩、胸、腰依次向后用力弯曲，抬头看手。

5-8 拍上体直起，左臂上举，掌心向上成托掌。

第三个八拍(图 4-1-51)

图 4-1-50　　图 4-1-51

1-4 拍左脚前出点地，右腿弯曲半蹲，上体前屈，后背挺直，左臂翻手至掌心向下，直臂前摆至右脚处。

5-8 拍左脚收回成正步站，上体直立，左臂上举，掌心向上成托掌。

第四个八拍(图 4-1-52)

1-4 拍双足提踵，向后下胸腰，头向左转，右手掌心朝上至侧举。

5-8 拍脚跟落下还原，上体直立，左手至山膀位。

结束拍：1-8 拍左手经下摆至叉腰(图 4-1-53)。

图 4-1-52　　图 4-1-53

练习二

预备姿势：八字步站立，右手扶把，左手叉腰(图 4-1-54)。

预备拍：1-4 拍前奏。5-8 拍左臂经侧摆至上举，掌心向上托掌位(图 4-1-55)。

图 4-1-54　　图 4-1-55

第一个八拍(图 4-1-56)

1-4 拍上体前屈,后背挺直,头下垂,左手触地。

5-8 拍上体直起,左手经前至上举,掌心向内。

第二个八拍(图 4-1-57)

图 4-1-56　　图 4-1-57

1-2 拍上体向左侧屈,左臂至侧举,掌心向上。

3-4 拍上体向右侧屈,左手摆至上举,掌心向内。

5-6 拍停止不动。

7-8 拍上体还原,左臂上举,掌心向内。

第三个八拍(图 4-1-58)

1-2 拍右腿支撑站立,左脚前出点地。

3-4 拍上体后屈,抬头、挺胸、挺腹、挺腰,左臂尽量后下摆。

5-6 拍上体直立。

7-8 拍左脚收回,左臂上举,掌心向内。

第四个八拍同第三个八拍。

结束拍:1-8 拍左臂经下摆至叉腰部位(图 4-1-59)。

图 4－1－58　　图 4－1－59

动作要点：向前下腰时，胸部主动下压，小腹贴大腿，保持挺胸抬头姿势。向后下腰时，从肩、胸、腰依次向后弯曲。起立时腹肌用力，后背向上顶。向侧下腰时肩和髋不能转动，保持正对前方。

易犯错误及纠正方法：

(1) 向前下腰时背部松弛。练习时强调屈髋，背部挺直下压，以胸腹去贴腿。

(2) 向后下腰时向前挺髋。练习时注意从肩、胸、腰依次向后弯曲，以头向臀部运动，保持髋部的直立感。

(3) 后下腰起立时过早收胸。应注意以腹肌主动用力，背部向上顶，胸经过上部位再成直立，同时保持头颈的正确姿势。

(六) 划圈

划圈动作是以单腿支撑，另一腿以髋关节为轴，脚尖在地上划半圆。该动作要求上体正直，收腹、立腰，支撑腿伸直或半蹲，另一腿伸直外旋，膝盖和脚面始终保持向外。这个动作可以训练腿的控制力和髋关节的灵活性。

预备姿势：右手扶把五位站立，左手成一位(图 4－1－60)。

预备拍：1－4 拍前奏。5－6 拍右腿屈膝，左脚前擦地。7 拍右腿弯曲，左腿用脚尖划至体侧(腿保持外旋)。8 拍右腿伸直，左手经二位至七位(图 4－1－61)。

图 4－1－60　　图 4－1－61

第一个八拍(图 4-1-62)

1-2 拍左脚用脚尖划向体后成后点地。

3-4 拍向前用全脚收回经一位向前擦出成前点地。

5-6 拍用脚尖经侧向后划至后点地。

7-8 拍同 3-4 拍。

图 4-1-62

第二个八拍同第一个八拍。

第三个八拍(图 4-1-63)

1-2 拍用全脚收至一位,然后擦地之后点地。

3-4 拍以脚尖经侧划至前点地。

5-8 拍同 1-4 拍。

图 4-1-63

第四个八拍同第三个八拍。

第五个八拍(图 4-1-64)

图 4-1-64

1-2 拍左脚收回成一位，两腿弯曲成一位半蹲，左手收至一位。

3-4 拍右腿弯曲不动，左腿后伸成后点地，左臂前举，掌心向下。

5-6 拍右腿弯曲不动，左腿由后经侧向前划大半圆成前点地，左臂由前至侧举，掌心向上。

7-8 拍左脚由前经侧向后划大半圆之后点地，左臂由侧至前举，掌心向下。

第六个八拍(图 4-1-65)

1-2 拍左脚收回成一位半蹲。

3-4 拍左脚向前擦出成前点地，右腿屈膝不动，手七位。

5-6 拍左脚由前经侧向后划大半圆成后点地，手七位。

7 拍左脚由后经侧向前划大半圆成前点地，手七位。

8 拍右脚伸直，左脚收回成前五位。

图 4-1-65

第七个八拍(图 4-1-66)

1 拍左腿屈膝侧抬，收于右踝前。

2-3 拍左腿向前做弹撩腿经侧向后摆至后点地。

4 拍左腿收回成后五位。

5-8 拍同 1-4 拍，最后一拍收至后五位。

图 4-1-66

第八个八拍(图 4-1-67)

1 拍左腿屈膝侧抬，左腿收于右踝后。

2-3 拍左腿向后做弹撩腿经侧摆至前点地。

4 拍左腿收回成一位。

5－8 拍同 1－4 拍。最后一拍收至前五位。

结束拍：1－8 拍左臂经下收至一位（图 4－1－68）。

图 4－1－67　　图 4－1－68

动作要点：练习时上体正直，收腹、立腰，重心始终在支撑腿上。划圈时脚面绷直，脚尖应始终与地面接触。从前向后划圈时以脚尖带动，从后向前划圈时以脚跟带动。在前点地和后点地时，脚尖对准支撑腿的脚跟。

易犯错误及纠正方法：

（1）划圈时身体重心降低，形成骨盆转动。练习时应强调收腹、立腰、收臀，将身体重心提高。

（2）腿没有始终保持外旋。练习时反复体会动作要点。

（3）脚尖划大半圆未到极点。体会重心始终在支撑腿上，脚尖伸到最远点划圈，膝盖和脚面保持外旋。

（4）经过一位时脚跟不着地。以慢动作体会一位擦地收回至一位动作。

（七）控制

控制练习时上体保持正确姿态，收腹、立腰，一腿支撑，另一腿在一定的位置和高度上停止不动。此练习的目的在于锻炼腿部肌肉的控制能力。

预备姿势：并步站立，右手扶把，左手叉腰（图 4－1－69）。

预备拍：1－4 拍前奏。5－8 拍左手经下至山膀位（图 4－1－70）。

第一个八拍（图 4－1－71）

图 4－1－69　　图 4－1－70　　图 4－1－71

1-4 拍左腿屈膝前抬。

5-8 拍尽量以膝找胸。

第二个八拍

1-8 拍继续屈膝上抬。

第三个八拍(图 4-1-72)

1-8 拍左手至山膀位,左腿前伸前上 45°(或与地面平行),控制不动。

第四个八拍(图 4-1-73)

图 4-1-72　　图 4-1-73

1-4 拍保持不动。

5-6 拍左腿下落至前点地。

7-8 拍收回成并步。

第五个八拍(图 4-1-74)

1-4 拍左腿屈膝侧抬。

5-8 拍尽量以膝找肩。

第六个八拍

1-8 拍继续屈膝上抬。

第七个八拍(图 4-1-75)

图 4-1-74　　图 4-1-75

1－8 拍左手成山膀位，左腿侧伸，脚面向上，腿外旋侧上 45°（或与地面平行）控制不动。

第八个八拍（图 4－1－76）

1－4 拍保持不动。

5－6 拍左腿下落侧点地。

7－8 拍左脚收回成并步。

图 4－1－76

第九个八拍（图 4－1－77）

1－4 拍左腿屈膝后抬。

5－8 拍大腿尽量后抬。

第十个八拍（图 4－1－78）

1－8 拍左腿向后伸直，大腿稍外旋。

图 4－1－77　　图 4－1－78

第十一个八拍

1－8 拍以右脚为轴向左转体 45°，上体下压，向后上举腿控制。

第十二个八拍

1－4 拍上体抬起。

5－6 拍以右脚为轴向左转体 45°，后点地。

7－8 拍左脚经后点地收回成并步。

第十三个八拍(4-1-79)

1-4 拍左腿屈膝侧抬。

5-8 拍左手抱小腿,尽量以膝找肩。

第十四个八拍(图 4-1-80)

1-8 拍左腿伸直,直膝绷脚,左手侧搬腿。

第十五个八拍(图 4-1-81)

1-8 拍右腿控制不动,左臂至山膀位。

图 4-1-79　　图 4-1-80　　图 4-1-81

第十六个八拍(图 4-1-82)

1-4 拍同第十五个八拍。

5-6 拍左腿下落至侧点地。

7-8 拍收回成并步。

图 4-1-82

结束拍:1-8 拍左手经下收至叉腰。

动作要点:上体正直,收腹立腰,支撑腿充分伸直,用腰、背、腹肌和腿部肌肉的力量及身体各部位的协调用力使重心控制在支撑腿上,骨盆要正。在保持上体正确姿态的基础上,尽量高举腿。

易犯错误及纠正方法:

(1) 向前控腿时,举腿一侧伸髋,上体后仰。练习时注意收腹、立腰,骨盆方向要正。

(2) 向后控腿时塌腰，上体和骨盆向举腿方向转动。练习时强调立腰，上体正直，保持正对前方的正确姿态，同时注意收紧臀部肌肉，使髋部正对前方。

(八) 半脚尖练习

半脚尖练习即由全脚站立变为前脚掌站立。通过此练习，既可以提高踝关节和腿部力量，又可以增强头颈、腰背的控制力。

预备姿势：双手扶把一位站立(图 4-1-83)。

准备拍：1-8 拍前奏(图 4-1-84)

第一个八拍(图 4-1-85)

图 4-1-83　图 4-1-84　图 4-1-85

1-2 拍两腿弯曲成一位半蹲。

3-4 拍直立。

5-6 拍脚跟提起以前脚掌着地支撑。

7-8 拍脚跟落下成一位站立。

第二、三、四个八拍同第一个八拍，最后一拍成一位半蹲(图 4-1-86)。

第五个八拍(图 4-1-87)

1 拍双脚蹬地一位小跳。

2 拍落地半蹲。

图 4-1-86　图 4-1-87

3 拍直立。

4 拍同 2 拍。

5－8 拍同 1－4 拍。

第六、七、八个八拍同第五个八拍，最后一拍半脚尖站立不动。

结束拍：1－7 拍半脚尖站立不动。8 拍落脚跟成一位站立（图 4－1－88）。

图 4－1－88

动作要点：脚跟提起以前脚掌着地支撑，要求立到最高点，重心在十个脚趾和前脚掌上。由一位半蹲至提踵立，要经过直膝的过程。并且保持立腰、收腹，大腿肌肉收紧，夹臀，头向上顶。

易犯错误及纠正方法：

（1）半脚尖站立时膝盖松弛，重心没有立到最高点。练习时强调大小腿及腿内侧肌肉收紧，使膝盖部位伸直，同时要求脚跟提起用力前顶。可先从用慢动作分解做，再按正常节奏完成。

（2）半脚尖站立时重心在大脚趾上，身体前倾。主要原因在于腿的开度不够，可先从八字步练习逐步过渡到一位站立，同时强调收腹、立腰、夹臀，体会大腿肌肉瞬间收缩的感觉。

（九）大踢腿

大踢腿即以大腿的力量急速向上踢起。在保持身体正确姿态的要求下，踢得越高越好，踢起和落回时都要经过擦地，落回时要求轻而具有控制力。踢腿练习可以训练腿的软度、力量和后背的控制力。

预备姿势：右手扶把八字步站立，左手叉腰（图 4－1－89）。

图 4－1－89

准备拍：1－4 拍前奏。5－8 拍左手经下至山膀位，同时左脚向后擦出至后点地（图 4－1－90）。

第一个八拍（图 4－1－91）

图 4－1－90　　图 4－1－91

1 拍左腿勾脚向前上方踢。

2 拍左腿下落至前点地。

3－4 拍左腿经一位擦地至后点地。

5－8 拍同 1－4 拍。

第二、三、四个八拍同第一个八拍。

第五个八拍(图 4－1－92)

1－4 拍右脚收回成一位站。

5－8 拍左手经上绕至按掌,同时左脚于右脚后点地。

第六个八拍(图 4－1－93)

图 4－1－92　　图 4－1－93

1 拍左腿勾脚向侧上方踢。

2 拍左腿下落,侧点地立。

3－4 拍左脚经一位至侧后点地。

5－8 拍同 1－4 拍。

第七、八、九个八拍同第六个八拍。

第十个八拍(图 4－1－94)

1－4 拍收左脚成一位站。

5－8 拍左手至山膀位,掌心向下,同时左脚前点地。

图 4－1－94

第十一个八拍(图 4－1－95)

1 拍左腿绷脚向后上方踢,同时左臂经下、前至上举后振,掌心向内。

2 拍左腿下落至后点地,左臂经前经下落至山膀位。

3－4 拍左脚经一位至前点地,左臂不动。

5－8 拍同 1－4 拍。

第十二、十三、十四个八拍同第十一个八拍。

结束拍:1－4 拍收左脚成八字步,左臂上举。5－8 拍左手经下叉腰(图 4－1－96)。

1　2　3–4　1–4　5–8

图 4-1-95　图 4-1-96

动作要点:踢腿时要迅速有力,落地要有控制。勾脚踢腿的用力点在足跟,绷脚踢腿的用力点在脚面。踢腿时,上体要保持平稳,挺直后背,收髋,肩下沉。踢腿的方向要正,向前向后踢腿的方向要对准所踢腿一侧的肩部,向侧踢腿时要对准耳朵。同时注意臀部、腹部肌肉收紧。

易犯错误及纠正方法:

(1) 踢起时屈膝和上体晃动。练习时强调大腿股四头肌用力收缩,使膝盖绷紧,并注意收腹、立腰、后背紧张,头向上顶,支撑腿伸直。

(2) 向前向侧踢腿时臀部下坐,向后踢腿时身体扭转和屈膝。练习时注意体会踢起的腿向上用力,而支撑腿向下用力,臀部收紧、立腰的肌肉感觉。后踢腿时上体及髋部要正,臀部、腹部收紧,以脚面带动向后上方踢起,并注意腿要外旋。

二、离把姿态练习

离把徒手姿态练习是基本形态的一种组合练习,是表现动作优美的关键。徒手姿态练习不仅能培养举手投足的正确姿态,同时也能发展身体各部位协调能力和控制能力,将外部表现与内在的神韵融为一体,能更加充分地表现人的形体美。

(一) 手臂姿态组合

预备姿势:面向左前方,八字步站立,两臂自然下垂。

第一个八拍(图 4-1-97)

1-2 拍两臂一位,头稍向右转。

3-4 拍两臂二位,目视前方。

5-6 拍两臂三位,稍抬头。

7-8 拍两臂四位,目视前方。

1–2　　3–4　　5–6　　7–8

图 4－1－97

第二个八拍(图 4－1－98)

1－2 拍两臂五位,头右侧转稍后仰。

3－4 拍两臂六位,目视前方。

5－6 拍两臂七位,头左侧转稍后仰。

7－8 拍两臂还原成预备姿势。

1–2　　3–4　　5–6　　7–8

图 4－1－98

(二) 身体姿态组合

预备姿势:面向左前方,手臂一位,右丁字步站立(图 4－1－99)。

第一个八拍(图 4－1－100)

图 4－1－99

1–2　　3–4　　5–6　　7–8

图 4－1－100

1－2 拍右脚向前擦出，脚尖点地，两臂二位，眼看前方。

3－4 拍右臂侧举，左臂上举，头右转稍后仰。

5－6 拍左臂至侧举，头左转稍后仰。

7－8 拍左腿弯曲半蹲，右腿稍向前伸出点地，上体稍右转，右臂上举，掌心向内，左臂前下举，掌心向内，稍低头右转，目视右前方。

第二个八拍(图 4－1－101)

1－2 拍重心前移至两腿半蹲，两臂前举，目视前方，两臂至二位。

3－4 拍重心移至右脚站立，左脚尖后点地，左臂前举，右臂侧举，目视前方。

5－6 拍左脚向前上一步至两腿半蹲，两臂前举，眼看前方。

7－8 拍重心移至左脚站立，右脚尖后点地，右臂前举，左臂侧举，目视前方。

图 4－1－101

第三个八拍(图 4－1－102)

1－2 拍右脚向前上一步，左腿前摆同时右转 180°，左腿后举，两臂前摆经三位至右臂前上举，左臂后下举。

3－4 拍左脚前上一步，成左弓步，左臂绕环经下至前上举，右臂经上绕环至后下举，稍低头。

5－6 拍重心移至左腿上，右脚尖后点地，右臂经上绕环至后下举，左臂经下绕环至前上举，眼看左手。

图 4－1－102

7－8 拍右脚收于左脚后成丁字步，两臂还原，右臂前举，右臂弯曲，手触右肘。头稍左转，目视前方。

第四个八拍同第三个八拍动作，但方向相反。

(三) 基本步伐与手臂的配合

1. 柔软步自然摆臂

预备姿势：小八字步站立，两臂自然下垂(图 4－1－103)。

动作做法(图 4－1－104)

1

2

图 4－1－103　　　图 4－1－104

1 拍左脚向前迈出，膝盖和脚面绷直，脚面向外。

2 拍左脚尖过渡到全脚掌着地，身体重心随之前移，接着再换右脚向前伸出落地，两腿依次交替进行，两臂自然前后摆动。

动作要点：摆动腿向前伸出由脚尖过渡到全脚着地，重心前移，收腹立腰眼平视。

2. 柔软步的组合练习

组合一

预备姿势：自然站立，两臂于体侧自然下垂(图 4－1－105)。

第一个八拍(图 4－1－106)

1–2

3–4　　5–6　　7–8

图 4－1－105　　　图 4－1－106

1－4 拍左脚起步向前柔软步四步，同时右臂以肩为轴带动肘、腕关节摆至侧举，接着落回还原。

5-8 拍继续向前走柔软步四步,换左臂做。

第二个八拍(图 4-1-107)

1-4 拍继续向前走柔软步四步,同时两臂向前摆至前举,接着落下还原。

5-8 拍继续向前走柔软步四步,同时两臂向侧摆至侧举,接着落下还原。

第三个八拍(图 4-1-108)

图 4-1-107

1-4 拍继续前走柔软步四步,同时右臂向内绕环一周。

5-8 拍同 1-4 拍,换左臂做。

第四个八拍(图 4-1-109)

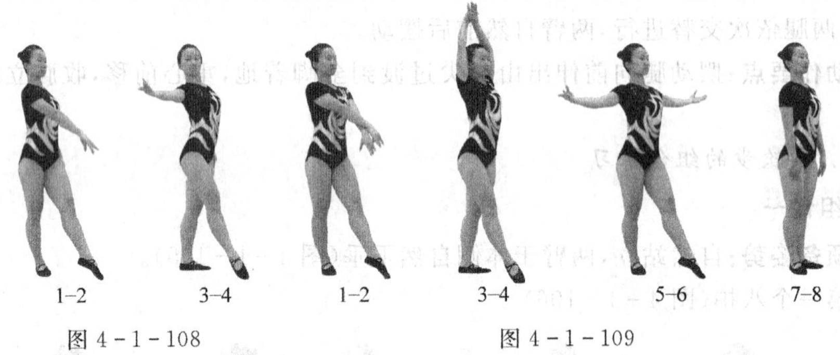

图 4-1-108　　图 4-1-109

1-8 拍继续向前走柔软步八步,同时两臂向内绕环一周,并还原成预备姿势。

组合二

预备姿势:自然站立,两臂于体侧自然下垂。

第一个八拍(图 4-1-110)

1-4 拍左脚开始起步向前柔软步四步,同时右臂向内绕环一周。

5-8 拍同 1-4 拍动作,换左臂做。

第二个八拍(图 4-1-111)

图 4-1-110

图 4-1-111

1-4 拍继续向前柔软步四步,同时两臂经前摆至上举。

5-8 拍继续向前柔软步四步,两臂经头后从体前落下,摆至前上举,接着两臂落回还原。

第三、四个八拍同第一、二个八拍。

3. 足尖步

(1) 普通足尖步练习

预备姿势:两脚并立提踵,两手叉腰(图 4-1-112)。

动作做法:左腿直膝绷脚面向前伸出(脚尖稍向外),由脚尖过渡到前脚掌落地支撑,重心前移,两脚交替进行(图 4-1-113)。

图 4-1-112 图 4-1-113

动作要点:身体正直,收腹立腰,步幅均匀不宜过大,支撑腿脚踝充分向上立。

(2) 足尖步的组合练习

组合一

预备姿势:双脚提踵站立,两手叉腰(图 4-1-114)。

第一个八拍(图 4-1-115)

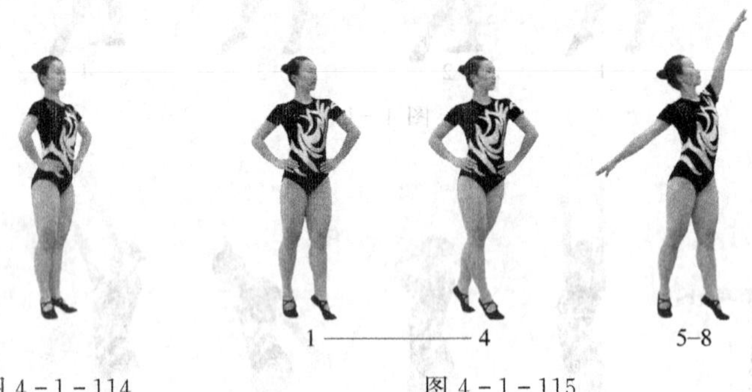

图 4-1-114　　图 4-1-115

1-4 拍左脚开始向前足尖步四步,同时上体扭转,左肩在前,抬头挺胸,目视前方。

5-8 拍继续向前足尖步四步,同时左臂前上举,右臂后下举,抬头挺胸,目视前上方。

第二个八拍同第一个八拍动作,但换臂做。

组合二

预备姿势:双脚提踵站立,两臂于体侧自然下垂(图 4-1-116)。

第一个八拍(图 4-1-117)

图 4-1-116　　图 4-1-117

1-4 拍左脚开始向前足尖步四步,两臂伸直前后自然摆动。

5-8 拍左脚向前足尖步同时屈膝支撑,全脚掌着地,右脚尖在左脚旁点地,低头含胸,左臂前举,手心向下,右臂后斜下举,手心向上。

第二个八拍同第一个八拍,换右脚开始,手臂动作相反。

第三个八拍(图 4-1-118)

1-4 拍左脚开始继续向前足尖步四步,同时左臂胸前平屈,手心向内,右臂后下举,抬头挺胸。

5-8 拍原地足尖步向左转 360°,同时左臂上举,右臂侧举,头稍左转。

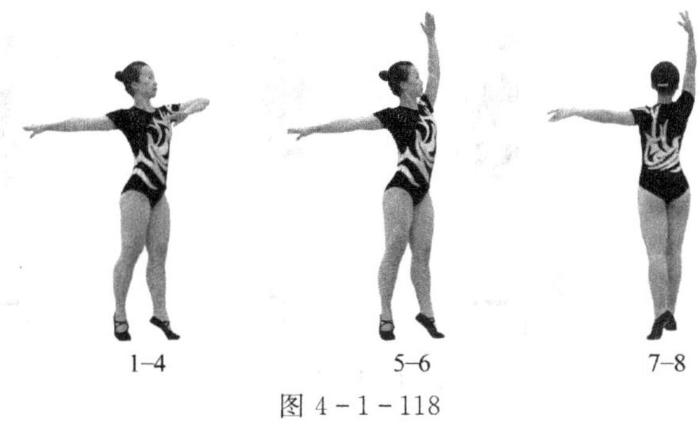

图 4-1-118

第四个八拍同第三个八拍动作,但手臂动作和转体方向均与第三个八拍动作方向相反。

4. 变换步

变换步是一种常用的舞步,具有柔和、舒展的特色,动作变化多样,包括普通变换步、前屈膝变换步,后举腿变换步、转体变换步及跳的变换步等。一般用两拍完成,可采用 2/4 或 4/4 的舒缓乐曲。

(1) 普通变换步(以左脚为例)

预备姿势:自然站立,两臂侧举(图 4-1-119)。

动作做法(图 4-1-120)

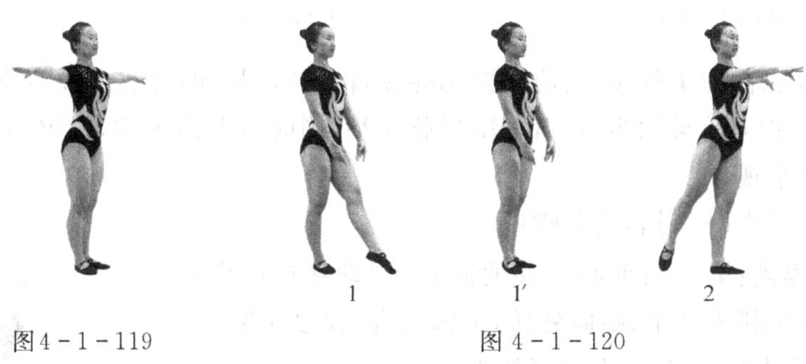

图4-1-119　　图 4-1-120

1 拍上半拍,左脚向前柔软步;1 拍下半拍,右脚与左脚并成自然位,同时两臂成一位。

2 拍左脚向前柔软步,重心前移,右脚伸直后点地,脚面绷直稍向外,同时右臂前平举,左臂侧平举。

动作要点：做时收腹立腰，上身正直，髋要正，后腿伸直点地，膝与脚外旋。

(2) 后举腿变换步

动作同普通变换步，唯第二拍时，右腿伸直后举(图 4-1-121)。要求髋正，膝和脚面绷直稍向外，掌握后可练习支撑腿提踵立。

图 4-1-121

(3) 前屈膝变换步(以左脚为例)

预备姿势：自然站立，两臂侧举(图 4-1-122)。

动作做法(图 4-1-123)

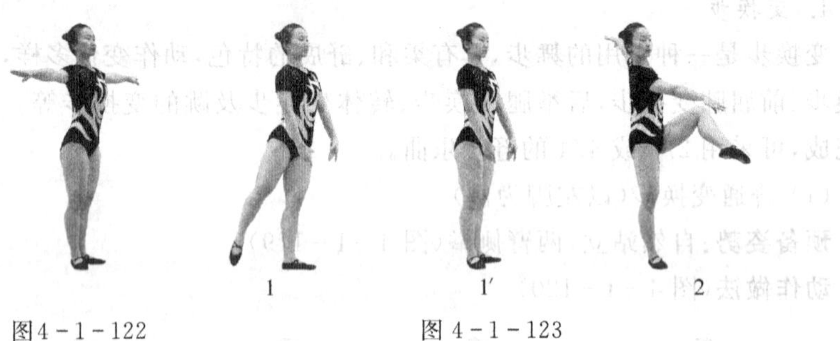

图4-1-122　　图 4-1-123

1 拍左脚向前柔软步，右脚与左脚并成自然位，同时两臂放下成一位。

2 拍右脚向前柔软步，接着左腿屈膝前举，同时右臂前下举，左臂后上举，掌心向下，眼平视。

3-4 拍同 1-2 拍，换右脚做。

动作要点：第一拍重心前移的同时，摆动腿屈膝向前举，大腿抬平，小腿成钝角，膝向外转，上体挺直，收腹立腰。

(4) 转体变换步(以左脚开始为例)

预备姿势：自然站立，两臂侧举(图 4-1-124)。

动作做法(图 4-1-125)

1 拍：左脚向前一步，右脚向前一步与左脚并拢，两臂成一位。

图 4-1-124

图 4－1－125

2 拍左脚向前柔软步经稍屈膝成单腿站立，同时右腿向前摆并向左转体 180°成右腿后举，同时两臂经二位摆至三位。

3 拍动作同 1 拍，右腿开始向后退做，同时两臂经七位至一位。

4 拍右腿后退一步，接着左腿向后摆起的同时向左转体 180°成左腿前举，两臂经二位至三位。

动作要点：支撑腿经稍屈膝提踵的同时，摆动腿向前摆至最高点，以脚尖内转的力量带动髋和上体转体 180°，此时重心向上，上身正直。向后摆腿转体 180°时，摆动腿以脚尖外转力量带动身体转动。

(5) 跳的变换步

预备姿势：自然站立，两臂侧举(图 4－1－126)。

动作做法(图 4－1－127)

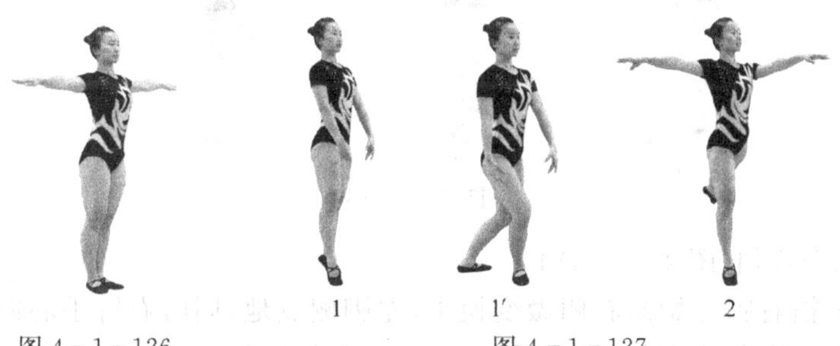

图 4－1－126　　图 4－1－127

动作基本同后举腿变换步，唯第一拍左脚向前做并步跳，第二拍时左脚上步蹬地跳起，空中右腿成后举腿，接着换右腿做，动作相反。

动作要点：支撑腿经稍屈膝有力蹬地向上跳起，使身体重心向上，收腹立腰，抬头挺胸，同时另一腿伸直后举。

(6) 变换步的组合练习

组合一

预备姿势：自然站立，两臂侧举（图 4－1－128）。

第一个八拍（图 4－1－129）

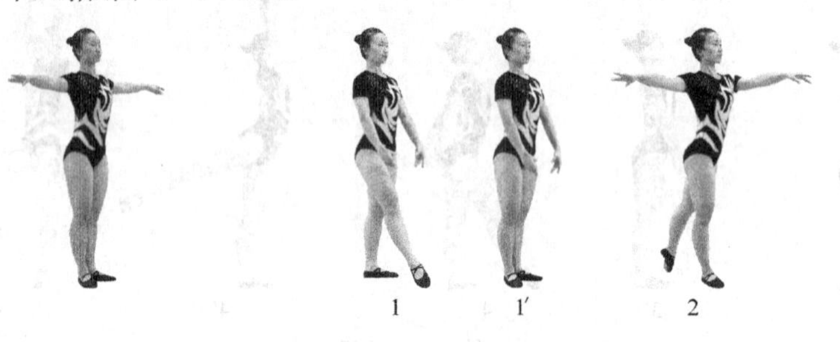

图 4－1－128　　图 4－1－129

1－2 拍右脚开始向前做变换步，左脚后点地，同时两臂经下摆至左臂前举，右臂侧举。

3－4 拍同 1－2 拍动作，换左脚做。

5－8 拍同 1－4 拍动作。

第二个八拍（图 4－1－130）

1－2 拍右脚向前做变换步，左腿后举，手臂同第一个八拍的 1－2 拍动作。

3－4 拍同 1－2 拍动作，换左脚做。

5－8 拍同 1－4 拍动作。

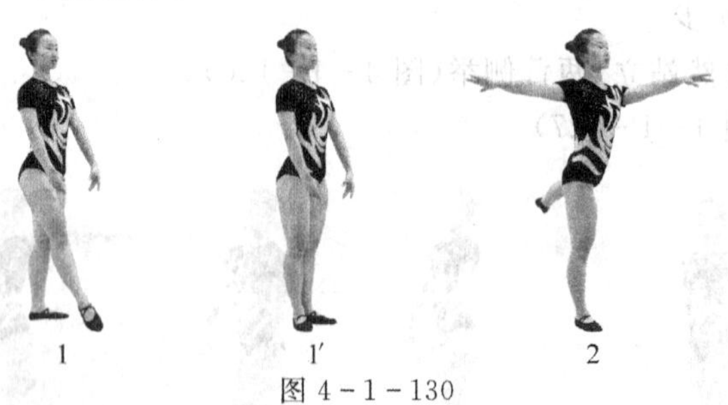

图 4－1－130

第三个八拍（图 4－1－131）

1－2 拍右脚开始向右侧做变换步，左脚侧点地，同时右臂手心向上摆至侧举至左臂前平举，右臂侧平举，手心向下，目视右前方。

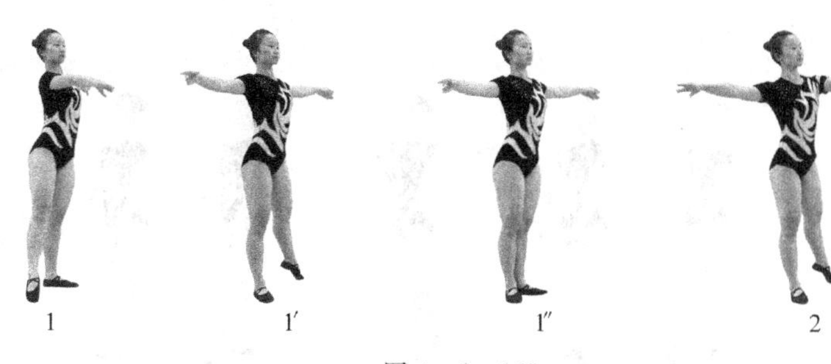

图 4－1－131

3－4 拍同 1－2 拍动作，但方向相反。

5－8 拍同 1－4 拍动作。

第四个八拍（图 4－1－132）

1－2 拍右脚开始向前做跳的变换步，左腿后举，同时两臂经下摆至左臂前举，右臂侧举。

3－4 拍同 1－2 拍动作，换左脚做。

5－6 拍同 1－2 拍动作。

7－8 拍左脚向前上一步，重心移至左腿上，接着左脚原地小跳一次，同时吸右腿，两臂经下摆至前举，低头含胸，然后右脚向前落地，重心移至右腿上，左脚尖后点地，两臂在胸前做波浪一次至前上举，右臂高于左臂，眼看手。

图 4－1－132

组合二

预备姿势：自然站立，两臂侧举（图 4－1－133）。

第一个八拍（图 4－1－134）

1－2 拍右脚开始向前变换步，左脚后点地，同时两臂经下摆至左上举，右臂侧举。

3－4 拍同 1－2 拍，换左脚做。

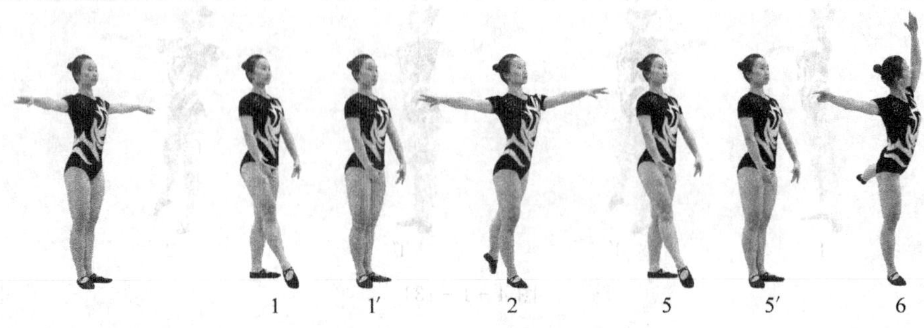

图 4-1-133　　图 4-1-134

5-6 拍同 1-2 拍，但左腿后举。

7-8 拍同 3-4 拍，但右腿后举。

第二个八拍(图 4-1-135)

1-2 拍右脚向前做前屈膝变换步，左腿屈膝前举，同时两臂经下摆至右臂前举，左臂后上举，眼平视。

3-4 拍同 1-2 拍，换左脚开始做。

5-8 拍同 1-4 拍。

图 4-1-135

第三个八拍(图 4-1-136)

1-2 拍右脚向前做变换步，左脚后点地，同时两臂经下摆至左臂前举，右臂侧举。

3-4 拍左脚开始向前做转体变换步，右脚向前摆起的同时并向左转体 180°成右腿后举，同时两臂经二位摆至三位。

5-6 拍右脚开始后退做转体变换步。左脚向后摆起的同时并向左转体 180°成左腿前举，两臂经侧落下至一位，再经二位摆至三位。

7-8 拍同 1-2 拍，换左脚做。

图 4-1-136

第四个八拍(图 4-1-137)

1-2 拍右脚开始向前做跳的变换步,左腿后举同时两臂经下摆至左臂前举,右臂侧举。

3-4 拍同 1-2 拍。

5-8 拍右脚开始向前小跑三步,成左腿站立,右脚后点地,两臂向内绕环摆至左臂前上半,右臂后下举,抬头挺胸,目视左手。

图 4-1-137

5. 弹簧步

弹簧步是表现腿部弹性特点的步法,也是单脚立踵舞姿及跳步的基础动作,

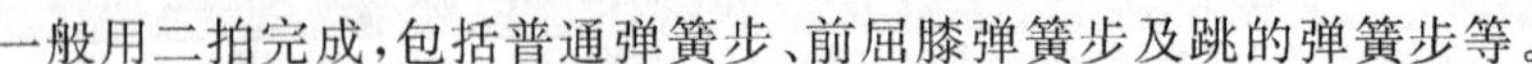

一般用二拍完成，包括普通弹簧步、前屈膝弹簧步及跳的弹簧步等。

(1) 普通弹簧步（以左脚为例，图 4－1－138）

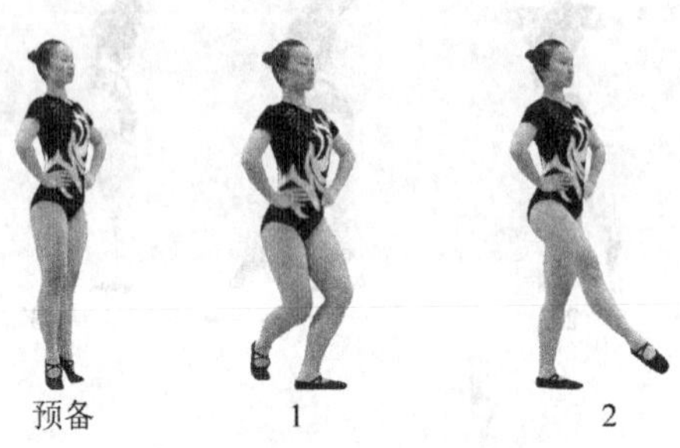

图 4－1－138

预备姿势：两脚并立提踵，两手叉腰。

1 拍左脚向前一步，同时稍屈膝半蹲，重心移至左腿。

2 拍左腿伸直提踵，同时右腿向前下伸，直膝绷脚，两腿交替进行，两臂前后自然摆动。

动作要点：出脚时由脚尖过渡到全脚掌柔和落地，有控制地依次弯曲踝、膝关节，接着依次充分伸直膝、踝，重心向上成提踵立，上体正直，收腹立腰，步幅不宜过大。

(2) 弹簧步（以左脚为例，图 4－1－139）

图 4－1－139

预备姿势：双脚提踵立，两臂侧举或叉腰。

左脚向左侧一步，由脚尖过渡到全脚掌着地，接着屈膝，重心落至右腿。然后右脚提踵立，左腿随之向侧下伸直，直膝绷脚面，两臂侧举或叉腰。

动作要点：上体保持直立，收腹立腰，步幅不宜过大。

(3) 前屈膝弹簧步（图 4－1－140）。

动作同普通弹簧步，但在支撑腿伸直提踵的同时，另一腿成屈膝前举，同时配合一臂前举，一臂后侧上举。

动作要点：同普通弹簧步，做屈膝前举腿时，重心升高，保持平稳，步幅不宜过大。

(4) 跳的弹簧步(图 4－1－141)。

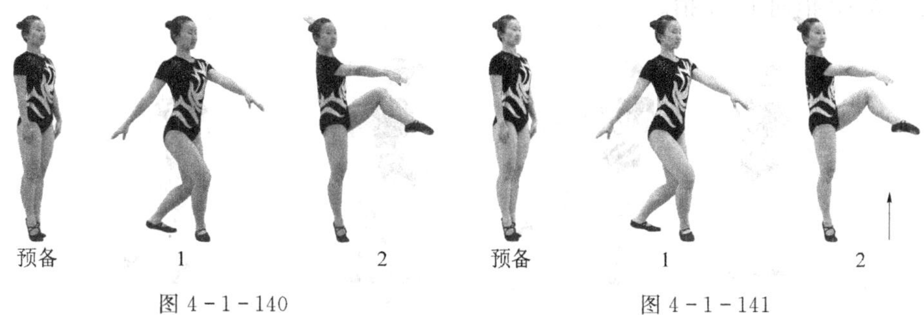

图 4－1－140　　图 4－1－141

动作同屈膝前举腿弹簧步，支撑腿向上跳起。

动作要点：支撑腿经稍屈膝用力蹬地，使身体向前上方腾起，同时摆动腿迅速单膝前摆，上体保持正直。

(5) 弹簧步组合练习

组合一

预备姿势：双脚提踵立，两臂于体侧自然下垂(图 4－1－142)。

第一个八拍(图 4－1－143)

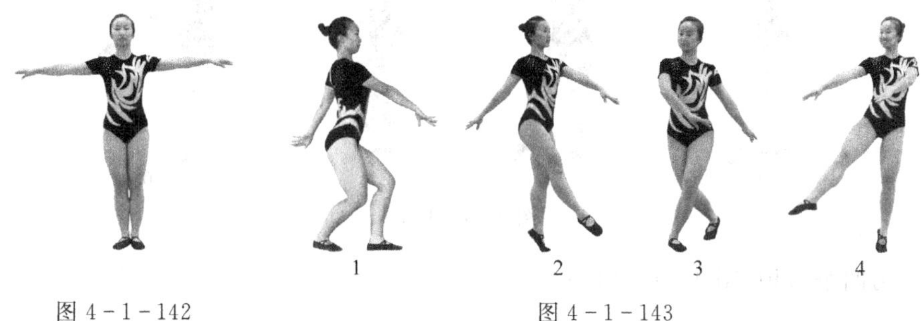

图 4－1－142　　图 4－1－143

1－2 拍左脚开始向左侧做弹簧步一次，右腿向左前下伸，左臂摆至侧举，右臂摆至左侧下举，头稍右转。

3－4 拍左脚向右侧做弹簧步一次，右腿向左侧下伸，两臂经下摆至左臂右侧下举，右臂侧举，头稍左转。

5－8 拍同 1－4 拍动作。

第二个八拍(图 4－1－144)

1－2 拍右脚开始向左侧做弹簧步一次，左腿向左侧下伸，两臂经下摆至左臂侧举,右臂左侧下举,头稍左转。

3-4 拍左脚向左侧做弹簧步一次,右腿向左前下伸,两臂经下摆至左臂右侧下举,右臂侧举,头稍右转。

5-8 拍同 1-4 拍。

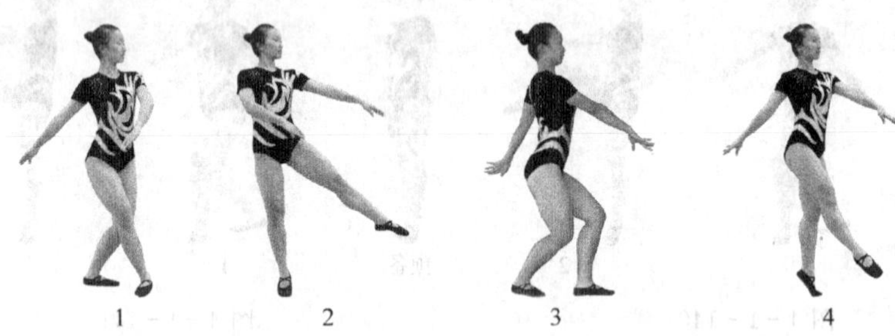

图 4-1-144

第三个八拍(图 4-1-145)

1-4 拍右脚开始向前做弹簧步两次,两臂前后自然摆动。

5-6 拍右脚向前做前屈膝弹簧步一次,左腿屈膝前举,两臂经下摆至右臂前举,左臂后上举。

7-8 拍同 5-6 拍,但换左脚做。

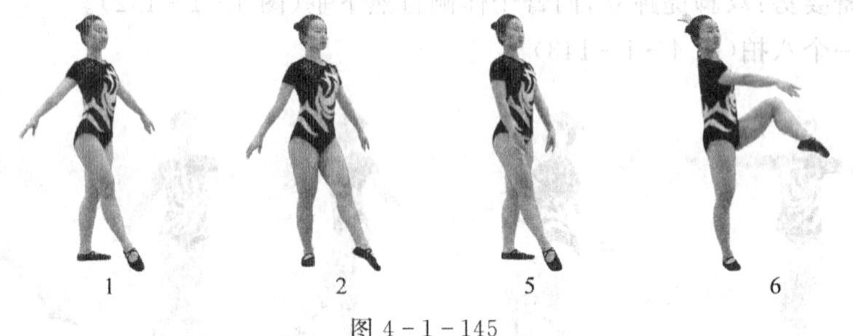

图 4-1-145

第四个八拍(图 4-1-146)

图 4-1-146

1－2 拍右脚开始做跳的弹簧步，右臂前举，左臂后上举，目视前方。

3－4 拍同 1－2 拍，但换左脚开始做。

5－6 拍同 1－2 拍。

7－8 拍左脚向前落地后成弓步，左臂经下向前摆成两臂前上举，然后两臂经上摆至后斜下举，抬头挺胸。

组合二

预备姿势：双脚提踵立，两臂叉腰（图 4－1－147）。

第一个八拍（图 4－1－148）

图 4－1－147　　图 4－1－148

1－8 拍右脚开始做向前弹簧步 8 次，两手叉腰。

第二个八拍（图 4－1－149）

1－4 拍右脚向右左侧弹簧步 4 次，两臂侧波浪 4 次。

5－7 拍右脚开始原地做弹簧步 4 次并右转 360°，同时右臂胸前平屈，掌心向后，左臂后斜上举，目视右下方。

8 拍右脚提踵立，左腿侧下伸，两臂侧举。

图 4－1－149

第三个八拍（图 4－1－150）

1－4 拍右脚向右侧做弹簧步 4 次，两臂做侧波浪 4 次。

5－7 拍右脚开始原地做弹簧步 4 次，并向右转体 360°，同时右臂胸前平屈，掌心向后，左臂后斜上举，目视右下方。

图 4-1-150

8 拍提踵立，右腿侧下伸，两臂侧举。

第四个八拍(图 4-1-151)

1-7 拍动作同第三个八拍 1—7 拍动作，换左脚做，方向相反。

8 拍继续做弹簧步一次成两脚提踵立，同时右臂经下向内绕摆至上举，手三位，左臂至左手叉腰，抬头挺胸，目视前方。

图 4-1-151

6. 华尔兹步

华尔兹步是常见舞步，具有轻盈、优美、流畅的特色，动作形式变化多样，可向前、向后、向侧、转体及跑动行进。该动作用 3 拍完成，做时采用 3/4 拍节拍的华尔兹舞曲。

(1) 向前华尔兹(以左脚开始为例，图 4-1-152)

图 4-1-152

预备姿势:两脚并立提踵,两臂侧举。

1 拍左脚向前做一次柔软步,落地稍屈膝,重心随之前移。

2 - 3 拍右脚开始向前做两次足尖步。在做 3 拍动作过程中,配合左臂做一次波浪。两腿交替进行。

动作要点:三步的步幅均等,动作起伏自然,收腹立腰,重心随出步而移动。

(2) 后退华尔兹步(图 4 - 1 - 153)

预备

1

2

3

图 4 - 1 - 153

动作同向前华尔兹步,向后退步做。第一步可稍大些,身体随之稍转动,同时两臂配合前后水平摆动。

(3) 侧华尔兹步(以左脚开始为例,图 4 - 1 - 154)

预备姿势:自然站立,两臂由侧举。

预备

1

2

3

图 4 - 1 - 154

1 拍左脚向侧做柔软步,落地时稍屈膝,重心随之移至左腿。

2 - 3 拍右前脚掌踏在左脚跟后,右腿伸直立踵,接着左脚与右脚并立提踵。在做 3 拍动作过程中,两臂经前摆至侧举。

(4) 转体华尔兹步(以左脚开始为例)

预备姿势:两脚并立提踵,两手叉腰。

第一个三拍(图 4 - 1 - 155)

1 拍左脚向前柔软步,稍屈膝。

2拍右脚向前足尖步，同时向左转体90°。

3拍左脚做足尖步与右脚并成提踵立，同时继续向左转90°。

第二个三拍（图4－1－156）

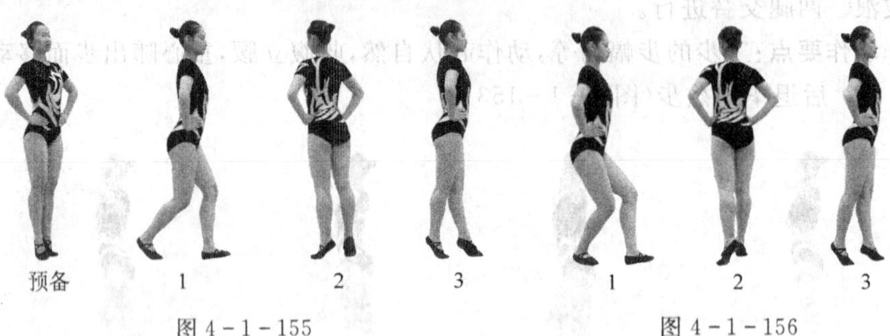

图4－1－155　　图4－1－156

1拍右脚后退一步柔软步，稍屈膝。

2拍左脚后退足尖步，同时向左转体90°。

3拍右脚做足尖步与左脚并成提踵立，同时继续向左转体90°。如右腿开始，方向相反。

动作要点：在2－3拍做足尖步的同时进行转体180°。收腹立腰，身体正直。

(5) 跑华尔兹（以左脚开始为例，图4－1－157）

预备姿势：两脚并立提踵，两臂侧举。

1拍左脚向左前方自然跨出，稍经腾空后柔和落地，重心随之前移。

2－3拍右脚开始向前做两次足尖小跑，左脚配合左臂侧波浪。接着做第二个三拍。

1－3拍换右脚开始，动作相同，配合右臂侧波浪。

动作要点：向前跨出的腿稍经腾空向前伸膝，柔和落地，同时上体稍自然侧前倾，第一拍重心稍低，2－3拍重心稍升高，动作微有起伏，上体及头部与之协调配合。

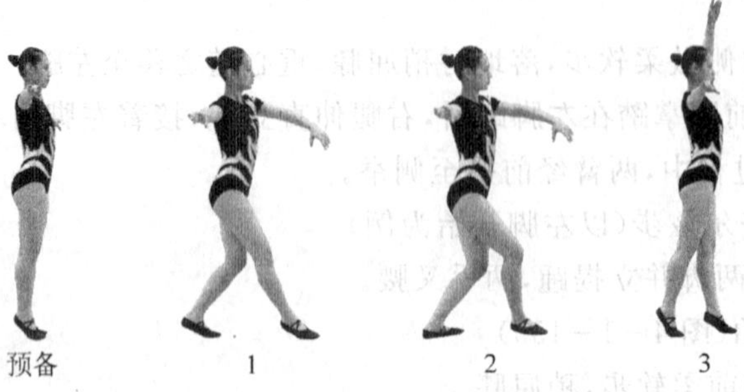

图4－1－157

(6) 华尔兹步组合

组合一

预备姿势:双脚提踵立,两手叉腰。

第一个八拍(图 4-1-158)

1 拍右脚开始向前做华尔兹步,两手叉腰,左肩在前,挺胸抬头,目视前方。

2 拍同 1 拍,换左脚做,上体随之扭转,右肩在前。

图 4-1-158

3-4 拍同 1-2 拍。

5 拍右脚做后退华尔兹,两手叉腰,上体随之右扭转,抬头挺胸,目视前方。

6 拍同 5 拍,换左脚做,上体随之左扭转。

7-8 拍同 5-6 拍。

第二个八拍(图 4-1-159)

1 拍右脚向前做华尔兹步,同时左臂摆至前举。

2 拍左脚向前一步左臂摆至上举。

3-4 拍同 1-2 拍。3 拍右脚向前一步,左臂摆至侧举。

4-6 拍同 1-3 拍,换方向做。

7-8 拍手臂收于两侧成并立。

图 4-1-159

组合二

预备姿势:双脚提踵站立,两臂侧举。

第一个八拍(图 4-1-160)

1 拍右脚开始向前做华尔兹步,同时左臂向内绕环至侧举,目视右前方。

2 拍同 1 拍,换左脚做。

3 拍右脚上一步,左臂至侧举。

4 拍左脚向前一步,重心移至左腿上,右脚插于左脚左后方,双脚提踵向左转体 360°,左脚在前,重心在两腿之间,两臂摆至上举手三位,目视前方。

5 拍右脚做后退华尔兹步,上体随之向右扭转,两臂摆至侧举,同时波浪一次,然后还原成手三位,身体正对前方,挺胸抬头,目视前方。

6 拍同 5 拍,换左脚做。

7 拍同 5 拍。

8 拍同 6 拍,但最后一拍两臂成侧举。

图 4-1-160

第二个八拍同第一个八拍动作。

第三个八拍(图 4-1-161)

1 拍右脚向右侧做华尔兹步,左臂摆至前举。

图 4-1-161

2拍同1拍动作,但方向相反。

3拍右脚向右侧一步,重心移至右腿上,左脚插于右脚的右后方,以脚提踵向右转体360°,成右脚在前,重心在两腿之间,两臂经侧摆至上举,手三位,目视前方。

4拍右脚向前做华尔兹步,两臂摆至前上举,同时波浪一次,右臂高于左臂,眼看手。

5-6拍同1-4拍动作,但方向相反。

第四个八拍(图4-1-162)

图4-1-162

1拍右脚向右前方做跳的华尔兹步,右臂摆至侧举,左臂向内绕环至侧举,目视前方。

2拍左脚向左前方做跳的华尔兹步,右臂向内绕环一周,左臂侧举。

3拍同1拍。

4拍同2拍。

5拍右脚向右前方上一步成右脚提踵立,左腿后侧举,右臂前上举,左臂前举,目视前上方。

6拍左脚开始做原地华尔兹步,同时向右转360°,右臂摆至胸前平屈,手心向下,左臂摆至侧举。

7拍右脚向前上一步成右脚提踵立,左腿后举,两臂摆至侧上举,手心向内,目视前方。

8拍左脚向前小跑三步成左腿站立,右脚尖左后点地,身体稍左侧屈,两臂下落经体前交叉摆至胸前平屈,左手触右手,右手触左上臂,目视左下方。

第二节 形体舞蹈训练

形体舞蹈是身体各部位协调运动所形成的富有节奏感、表现力,优美造型的韵律动作,包括形体身韵、基本舞步等内容。通过此部分的训练,可以培养人的优美姿态，保持健美体型，同时通过训练还可以提高人体健康水平。

一、形体身韵训练

形体身韵是指将各种基本舞步、基本舞姿组合起来进行训练的方法。

组合一

预备姿势：面对一点小八字步站立，两臂自然下垂(图 4－2－1)。

第一个八拍(图 4－2－2)

1 拍左腿向左前上一步，经双腿屈膝，重心移至左腿上，右脚尖后点地，同时右臂摆至前举，左臂摆至后举，目视前方。

2 拍经双腿屈膝，重心移至右腿上，左脚尖前点地。左臂经下摆至前举，右臂经下摆至后举，目视前方。

3 拍右脚向前并于左脚，双脚提踵立，两臂摆至上举。

图 4－2－1　　图 4－2－2

4 拍左脚向前上一步，经双腿屈膝。重心移至左腿上，右脚尖后点地，左臂向右经下摆至后举，右臂向右经下摆至前举，目视前方。

5－8 拍同 1－4 拍动作，但方向相反。

第二个八拍(图 4－2－3)

1 拍左腿向左侧一步，重心移至左腿上，右脚尖侧点地，两臂经下摆至左侧举，目视左前方。

2 拍经双腿屈膝，重心移至右腿上，左脚尖侧点地，两臂经下摆至右侧举，目视右前方。

3 拍重心移至左腿上，右脚插于左脚左后方，双脚提踵向左转体 360°，左臂经侧摆至上举，右臂摆至上举，两手三位，眼看前方。

4 拍左脚向左侧一步，重心移至左腿上，右脚尖侧点地，两臂经下摆至左侧举，目视左前方。

图 4-2-3

5-8 拍同 1-4 拍动作，但方向相反。

第三个八拍(图 4-2-4)

1-2 拍左脚向左侧一步，经双腿屈膝，右脚并于左脚，两腿伸直。左臂摆至侧举，右臂向内绕环一周至侧举。

3-4 拍同 1-2 拍动作。

5-8 拍同 1-4 拍动作，但方向相反。

图 4-2-4

第四个八拍(图 4-2-5)

1-2 拍左脚开始向左后做脚尖碎步移动，成左腿屈膝半蹲，右脚前伸脚尖点地，两臂经上摆至左前下举，眼看手。

图 4－2－5

3－4 拍同 1－2 拍动作，但方向相反。

5－6 拍左脚向前上一步，经双腿屈膝，重心移至左腿上，右脚并于左脚，两腿经屈膝伸直。两臂向内绕环摆至侧上举，手心向内，目视前方。

7－8 拍同 5－6 拍动作，但稍抬头。

组合二

预备姿势：面向二点方向，丁字步站立，两臂自然下垂(图 4－2－6)。

图 4－2－6

第一个八拍(图 4－2－7)

1 拍两臂前下举，同时做臂波浪一次还原。

2 拍两臂前举，同时做臂波浪一次还原。

3－4 拍两臂前上举，同时做臂波浪一次还原。

5 拍身体左转面向一点，左脚向左侧一步，重心移至左腿，脚尖侧点地，两臂侧下举做臂波浪一次还原。身体稍右侧屈，目视右下方。

6 拍两臂至侧举，同时左臂波浪一次还原。

7－8 拍两臂摆至侧上举，左臂波浪一次还原。同时身体左转面向八点，右脚收于左脚前成丁字步站立。

第二个八拍同第一个八拍动作，但方向相反。

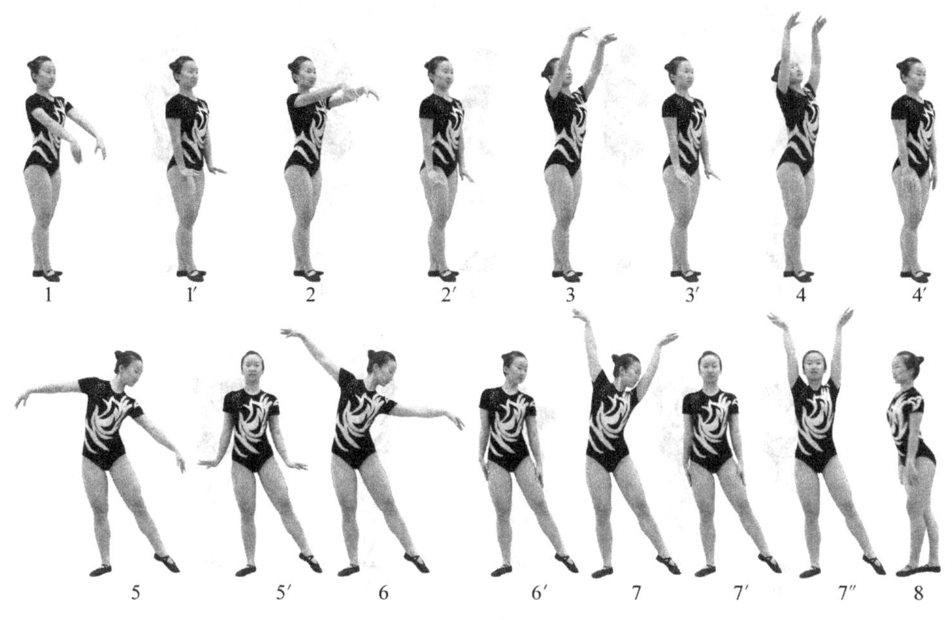

图 4－2－7

第三个八拍(图 4－2－8)

1 拍身体右转面向一点,左脚后退一步,经双腿屈膝重心移至左腿上,右脚尖前点地,两臂前举向内小波浪一次,手心向内。

2 拍同 1 拍动作,右脚后退两臂前举向内波浪一次。

3 拍同 1 拍,两臂前举向内波浪,向外摆至侧平举手心向下。

4 拍两腿不动两臂侧波浪一次。

5－8 拍同 1－4 拍动作。

图 4－2－8

第四个八拍(图 4－2－9)

1－4 拍左脚向右脚并拢提踵立,做脚碎步向右转体 360°,两臂依次上下摆动 4 次(左、右、左、右)。

图 4-2-9

5 拍左脚向前一步，经双腿屈膝重心移至左腿上，右脚尖后点地，两臂体前分别上下波浪一次(右上、左下)。

6 拍右脚向前一步，经双腿屈膝伸直，两臂向内绕环摆至侧上举，做波浪一次，手心向外，稍抬头。

二、形体舞蹈组合训练

组合一

此组合选用速度较慢的 3/4 拍音乐(3/4 拍的含义是“以四分音符为一拍，每小节三拍”)，动作舒缓大方，以身体波浪和手臂波浪配合身体动作完成，主要体现轻松愉快的情绪，表达优美抒情的感觉。

动作一(图 4-2-10)

1.2.3 拍右脚向前一步立，左腿向前吸腿，同时上体左转，右臂胸前平屈，左臂侧下举，头左转，眼看左下方。

2.2.3 拍同 1.2.3 拍动作。

3.2.3 拍右脚向右迈出弓步成左弓步，然后屈右腿重心右移成右弓步，同时上体右侧屈，两臂向侧打开成侧举。

4.2.3 拍重心右移同时左脚并右脚立，向右转体 360°，两臂上举。

图 4－2－10

5.2.3－8.2.3 拍右脚站立，左脚后点地，两臂经下向上方摆成斜上举。腿不动，两手在胸前做两次“五花”。

动作二同动作一，左脚开始，方向相反。

动作三（图 4－2－11）

1.2.3 拍左腿屈，右腿向左前伸，两手臂向左侧摆动延伸。

2.2.3 拍两脚立向左碎步，同时右臂上举，左臂侧举。

3.2.3－4.2.3 拍同 1.2.3－2.2.3 拍动作，右脚开始，方向相反。

5.2.3 拍左脚向前一小步两腿屈，两臂斜下举，低头含胸。

6.2.3 拍重心前移至右腿，左脚尖后点地，同时两臂前摆至前上举。

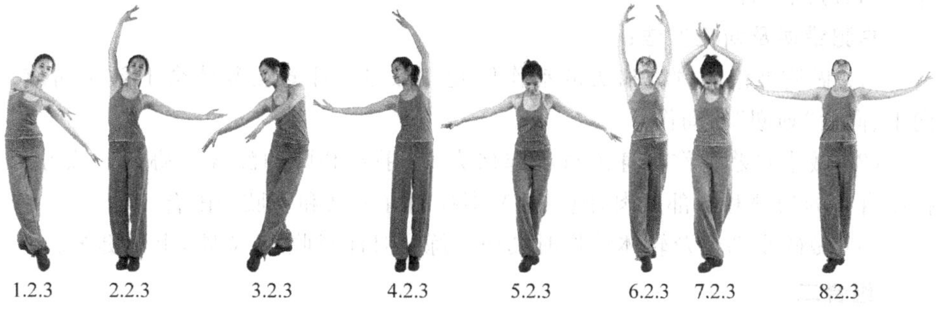

图 4－2－11

7.2.3 拍两手臂在头上做一次手腕交叉波浪。

8.2.3 拍右脚在前，两臂向侧打开，抬头上看。

动作四(图 4-2-12)

1.2.3 拍左脚向后一步左腿屈，右腿侧伸脚尖点地，右臂向侧打开，眼看右下方。

2.2.3 拍右脚并左脚，两臂下举(一位手)。

3.2.3-4.2.3 拍同 1.2.3-2.2.3 拍动作，左右相反。

5.2.3-6.2.3 拍右脚向左前方伸，含胸低头，两手臂前伸；重心前移至右腿，左脚在后脚尖点地，两臂上举(三位手)。

7.2.3-8.2.3 拍两腿伸直，重心在右腿，左脚后点地，两臂经上向侧打开，左臂斜上举，右臂侧举。

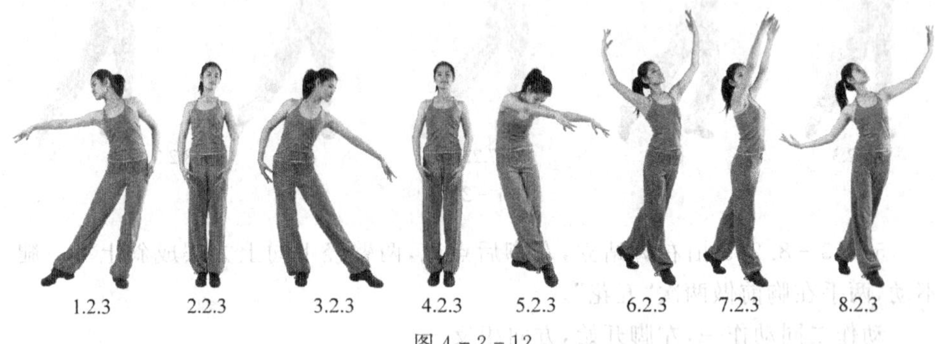

图 4-2-12

动作要点：

(1) 胸波浪动作时用胸带动胸椎、颈椎和头依次做向前、向后的波浪动作。

(2) 做华尔兹动作时，要有拍前一脚立脚尖，另一腿侧伸的动作，用胸带动手臂的左右摆动。

(3) 做站立胸前“五花”动作时，要运用身体和肩的左右摆动、胸部的波浪动作，做到协调配合。

易犯错误及纠正方法：

(1) 做胸波浪时颈椎和头的动作僵硬。练习时注意反复体会下颌做向前、向下、向后“划圈”的动作。

(2) 做华尔兹动作时身体重心起伏太大，手臂和脚的配合不协调。练习时控制身体的腰部和腿部肌肉，随三拍节奏控制好上肢和下肢的配合。

(3) 做碎步动作及转体动作时腰松。练习时注意收腹、立腰，上体挺拔。

组合二

该组合采用了儿童歌曲“小松树”为伴奏曲。动作与表情应体现欢快活泼的情绪。组合中采用了拟人的手法描述了小松树的成长与阳光照耀等。适宜初学者或少年儿童采用。

前奏1×8拍：1－4拍双手叉腰，正步准备；5－8拍左脚开始跑跳步4次（图4－2－13）。

第一个八拍（图4－2－14）

图4－2－13　　图4－2－14

1拍右脚蹬地小跳，左脚落地，两臂侧下举，压腕，身向2点。

2拍右脚踏于左脚后，双手提腕。

3拍两脚不动，双手压腕一次。

4拍双手经提腕至右臂上举掌心向外，左臂侧举，掌心向下，眼看右前方。

5－6拍右脚向右前方一步起跳，同时左腿前吸，右臂经前落下至胸前按掌位，左臂经侧至托掌，上体稍前倾，头稍左转。

7拍左脚落地。

8拍右脚踏到左脚后同时双臂经上分手绕环一周。

第二个八拍（图4－2－15）

1－4拍右踏步蹲，两臂经下至胸前屈，右手在上，两手翘指，掌心向前指向2点。

5－8拍由蹲逐渐站起，重心移到左脚，右脚在左脚后点地。两手交替向上指（左、右、左）三次指左臂上举，掌心向外，右臂上举小臂弯曲，右手触左肘，身体左侧屈。

图4－2－15

第三个八拍(图 4-2-16)

1-4 拍右脚向前一步成前弓步,两臂至侧上举,掌心向上,抬头挺胸。

5-8 拍双脚屈膝以全脚碎步左转 360°,左臂侧举,右臂上举,小臂弯曲,掌心向下。

图 4-2-16

第四个八拍(图 4-2-17)

1-2 拍右脚开始向右跑两步,两臂侧下举,压腕。

3-4 拍双脚并步跳一次,手臂动作同 1-2 拍。

5-8 拍同 1-4 拍,方向相反。

图 4-2-17

第五个八拍

1-4 拍左脚开始跑跳步 4 次,左转 360°,两臂侧上举,掌心向内。

5-8 拍右转 360°,双手叉腰。

第六个八拍至第九个八拍同第一个八拍至第四个八拍,方向相反。

第五章　形体训练高级课程

高级课程动作变化较多，是对初级、中级课程教学效果的综合体现，艺术氛围和锻炼的目的更加精细、明确，具有针对性。舞姿组合、跳步练习和形体舞蹈组合训练，在形态、姿态和身体素质方面对学生提出了较高的要求，不仅要掌握动作，把握音乐节奏和旋律，还要以身体动作正确表达音乐的内涵，体现出形体训练的最高层次。并通过塑形训练的局部练习、持器械训练和在特殊器械上的训练达到最好的塑形效果。通过严格规范的训练不仅可以赋予学生自身健美的体态，增强美的意识，同时也能养成在生活中习惯于以规范的形体动作表现，对体态的“形”加以约束，使仪态端庄挺拔，举止高雅大方，焕发青春的美感。培养和塑造健康、自信、协调、完美的形体是本课程的宗旨。

第一节　舞蹈组合

一、舞姿组合

组合一

第一个八拍(图 5－1－1)

1－2 拍右脚向右前方上一步，经屈膝移重心至右脚站立，左脚侧点地，同时两臂腹前交叉，眼看左手。

3－4 拍经屈膝向侧移重心成右脚站立，左脚侧点地，同时两臂向侧做小波浪一次，眼看左脚尖。

5－8 拍同 1－4 拍。

1　　2　　3–4

图 5－1－1

第二个八拍(图 5-1-2)

1 拍右脚向前侧方一小步站立,左腿后举,同时双手胸前交叉打开至右臂前上举,左臂侧后举。

2 拍左脚向前一步,下侧腰半蹲,双手至胸前屈,掌心向后。

3 拍双脚立踵双臂至三位。

4 拍左脚向前一步,重心前移,右臂前上举,左臂斜后举。

5 拍重心前移,两臂经下摆动交换成左臂前上举,右臂斜后举。

6 拍左腿在前的弓步,两臂经下交换摆动,手臂动作同 5 拍。

7 拍左脚向前一步提踵立,右臂经下经前至上举成三位,右肩在前,左肩在后。

8 拍身体转正,手三位。

图 5-1-2

第三个八拍(图 5-1-3)

1-2 拍左脚开始向左前方一步,同时身体右侧屈,右臂侧举,掌心向下,眼看右手。

3-4 拍同 1-2 拍,方同相反。

5 拍右臂上举,掌心向内,左腿吸腿,上体左侧屈,头左转,眼看左下方。

6 拍左脚落地,上体直立,手臂放置体侧。

7-8 拍左脚向左前迈步成左脚在前的提踵弓步,右臂前平举,左臂侧平举。

图 5-1-3

第四个八拍(图 5-1-4)

1 拍双脚屈膝并立,双手臂从左侧经胸前带动腰摆动至右侧成右臂侧举,左臂下垂于体侧,上体左侧屈。

2 拍右手继续摆动至屈臂右手点右肩,提肘,身体后仰,抬头。

3-4 拍动作同 1-2,方向相反。

5-7 拍右脚前点地,左腿屈膝,侧点地,左臂胸前平屈,右手侧平举下腰。

8 拍还原成站立姿势。

1

2

5–7

8

图 5-1-4

第五个八拍(图 5-1-5)

1-2 拍右脚向前上一步,同时左转 90°,左脚后点地,同时右臂经前绕至侧举,掌心向下做波浪一次,目视右侧方。

3-4 拍同 1-2 拍,方向相反。

5-6 拍两腿微屈,两臂摆至腹前下举。

7-8 拍直立,两臂摆至侧举,挺胸抬头,目视正前方。

1 2

5–6

7

8

图 5-1-5

第六个八拍(图 5-1-6)

1-2 拍左腿侧吸腿。

3-4 拍两臂经前至三位。

5-8 拍提踵碎步左转 360°,左臂左肩前立掌,右臂侧上举,掌心向外,上体左侧屈,目视左下方。

图 5-1-6

第七个八拍(图 5-1-7)

1-2 拍左脚绷脚尖擦地出去,同时向前移重心成左脚直立右脚后点地(柔软步),双手置于体侧,头看左前方。

3-4 拍同 1-2 拍,方向相反。

5-8 拍一拍一动柔软步四步。

第八个八拍同第六个八拍:最后一拍左脚前出一步,重心前移,右脚后点地,两臂经侧上举,抬头挺胸,目视前方(图 5-1-8)。

图 5-1-7　　图 5-1-8

组合二

该组合将传统的有氧操与动感十足的拉丁舞结合,配上时尚的音乐,使学生在学习的同时尽享运动的快乐和愉悦。

第一个八拍(图 5-1-9)

1-8 拍右脚开始原地登山走四步,两脚内侧着地,同时两臂向内绕摆。

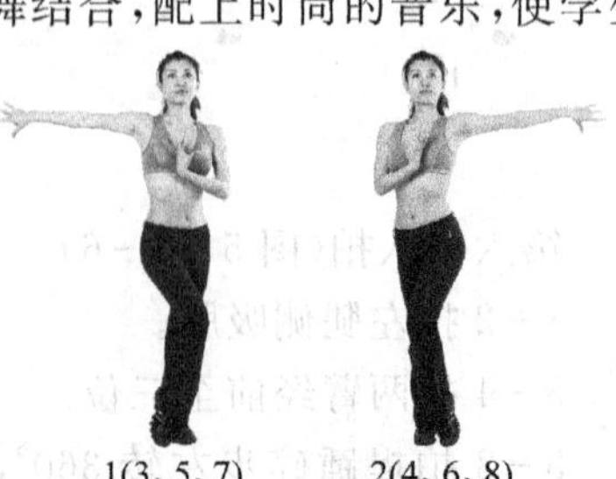

图 5-1-9

第二个八拍(图 5-1-10)

1 拍右脚向左斜前方迈步,两手臂胸前交叉,双手兰花指手心相对。

2 拍左脚向左迈步，同时向左顶髋，右手上举，兰花指掌心向外，左手前平举，兰花指手心向下。

3－4 拍同 1－2 拍，动作相同方向相反。

5－8 拍身体左转一周，右脚依次向前、侧、后点脚顶髋，手臂保持 3－4 拍的动作不变，8 拍右脚收回并左脚成立正姿势，同时双手放置体侧。

图 5－1－10

第三个八拍(图 5－1－11)

1 拍右脚向右迈步，同时髋向右顶，左臂握拳向前自然摆动，右臂握拳向后自然摆动。

2 拍并左脚，左腿弯曲，重心移至右腿，右臂握拳前摆，左臂握拳后摆。

3－4 拍同 1－2 拍动作。

5－8 拍同 1－4 拍动作，但方向相反。

图 5－1－11

第四个八拍(图 5－1－12)

1－2 拍右脚开始向前走两步，手臂直臂于体侧自然摆动。

3－4 拍右脚向前左恰恰步，手臂侧屈，双手放在肩上。

5－6 拍左脚起向前迈两步，手臂直臂于体侧自然摆动。

7 拍左脚跟于右脚后侧重心放在左腿上，手臂于胸前交叉，兰花指手心向外。

图 5－1－12

8 拍右腿向上吸，左腿脚后跟离地，重心向上提，双手侧平举，兰花指掌心向下。

第五至第八个八拍同第一至第四个八拍，方向相反。

组合三：肚皮舞

第一个八拍（图 5-1-13）

1-4 拍两腿开立，重心在右腿上。左脚点地，向右侧顶髋并摆髋两次。两臂侧平举。

5-8 拍重复 1-4 拍动作，唯方向相反。

图 5-1-13

第二个八拍（图 5-1-14）

1-2 拍两腿开立，膝部微屈，重心在右腿上，左脚点地，右臂经体侧由大臂带动做侧波浪。

3-4 拍重心移至左腿，右脚尖点地，左臂做侧波浪。

5-8 拍两腿保持开立，做大圆胯一周，手臂经体前交叉后向侧打开。

第三、四个八拍重复第一、二个八拍。

图 5-1-14

第五个八拍(图 5-1-15)

1-2 拍右脚向前迈一步,左脚侧点地,向左上方 45°顶髋一次。双臂经体侧滑动,右臂屈臂手放在头后侧,左手放于右胯上。

3-4 拍左脚向前迈一步,右脚侧点地,向右上方 45°顶髋一次。双臂经体侧滑动,左臂屈臂,手放在头后侧,右手放于左胯上。

5-8 拍同 1-4 拍动作。

1 2 3 4

图 5-1-15

第六个八拍(图 5-1-16)

1-8 拍两脚并拢,膝部微屈,绕髋四周,左臂屈臂,手放在头后侧,右手放于腹前。

1–2 3–4 5–6 7–8

图 5-1-16

第七个八拍(图 5-1-17)

1-2 拍右脚向前迈一步,左脚侧点地,向左上方 45°顶髋一次。双臂经体侧滑动,右臂屈臂手放在头后侧,左手放于右胯上。

1 2 3 4

图 5-1-17

3-4 拍左脚向前迈一步，右脚侧点地，向右上方 45°顶髋一次。双臂经体侧滑动，左臂屈臂手放在头后侧，右手放于左胯上。

5-8 拍同 1-4 拍动作。

第八个八拍(图 5-1-18)

1-4 拍两腿开立，右脚提踵两次，向右后侧顶髋，上体前倾，右臂屈臂，手放在头后侧，左手侧平举。

5-6 拍两腿开立，由左至右半转腰，上体前倾，双手经体前交叉。

7-8 拍右脚向左脚并拢，右臂经头后绕至侧平屈，手放在头右侧，左臂侧平举。

图 5-1-18

第九个八拍(图 5-1-19)

1-8 拍两脚并拢，膝部微屈，向右上方 45°顶髋 4 次，右臂侧平举，左手抚头。

第十个八拍(图 5-1-20)

重复第九个八拍，方向相反。

第十一个八拍(图 5-1-21)

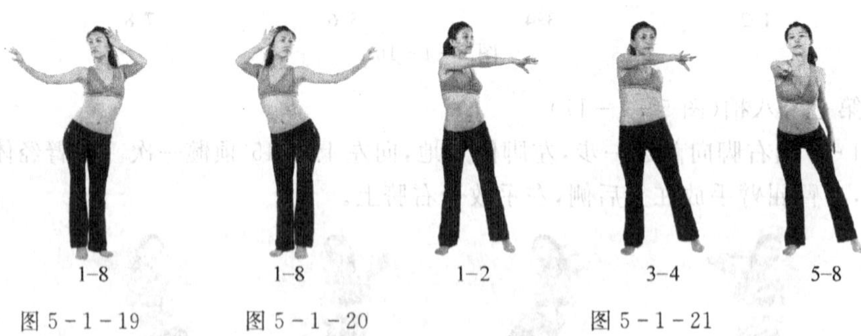

图 5-1-19　图 5-1-20　图 5-1-21

1-8 拍右脚向前迈一步，重心在右腿上，髋部前后摆动 8 次，右臂由左至右前平举打开，左臂自然放于体侧。

第十二个八拍(图 5-1-22)

重复第十一个八拍，方向相反。

图 5-1-22

第十三个八拍(图 5-1-23)

1-2 拍重心在左腿上,右脚侧点地,向左顶髋,右手叉腰,左臂屈手放于胸前。

3-4 拍身体保持 1-2 拍动作,脖子左右动一次。

5-8 拍重复 1-4 拍动作,方向相反。

图 5-1-23

第十四个八拍(图 5-1-24)

1-8 拍向右做 4 个小的侧并步,出脚同时向左侧顶髋,手臂经体前交叉后向侧打开。

图 5-1-24

第十五个八拍重复第十三个八拍,方向相反。

第十六个八拍重复第十四个八拍。

第十七个八拍(图 5-1-25)

1-8 拍两脚并拢,膝部微屈,向左转体 360°同时转动髋部,两臂侧平举。

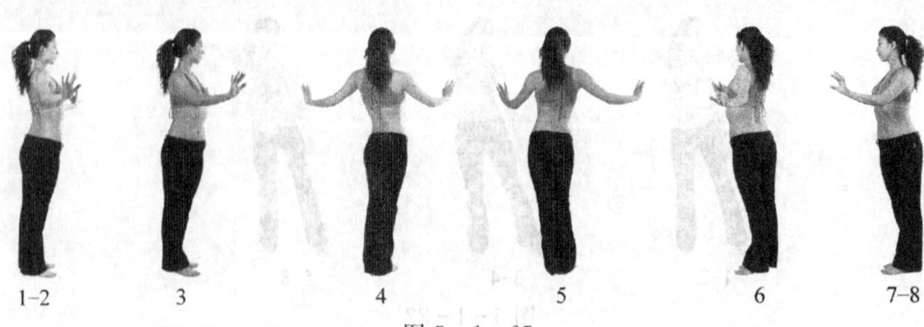

图 5-1-25

第十八个八拍重复第十七个八拍。

第十九个八拍(图 5-1-26)

1-4 拍右脚向右一步,重心在右腿上,左脚侧点地,转动髋部,双手成侧平举。

5-8 拍重复 1-4 拍动作。

图 5-1-26

第二十个八拍(图 5-1-27)

1-4 拍重复第十九个八拍 1-4 拍动作,方向相反。

5-6 拍右脚向左后退一步,重心在右腿上,左脚侧点地,两臂于体侧。

7-8 拍左脚落地,重心前移左腿站立,右脚向前点地,左臂前屈,左手放在额头上,右臂向后下方打开,挺胸抬头。

图 5-1-27

动作要点:

(1) 整套动作过程要保持身体的直立。

(2) 顶髋和绕髋动作同样保持上体不动。

(3) 利用盆骨的前、后倾做前、后动髋的动作。

易犯错误及纠正方法：

髋部前、后、左、右摆动时上体也动。练习时保持上体的稳定。

二、跳步组合

组合一

波尔卡步是一般常见的舞步，它具有轻松、欢快的特点。一般有直膝波尔卡步和屈膝波尔卡步，可向前、侧、后及转体做。下面以屈膝向前波尔卡为例。

预备姿势：自然站立，两手叉腰，在接前拍时右腿小跳，同时左腿经屈膝再伸直向前下举，两臂在前下方经交叉再打开，手心向上。

1 拍左脚向前落地，右脚随之与左脚并立，同时两臂在左侧前下举，手心向上，上体稍左转。

2 拍左脚向前一步，两臂保持侧下举，接着左腿小跳同时右腿伸直下举。

3 - 4 拍换右脚做，动作相反，两手还原至叉腰。直膝波尔卡动作同前，唯前举腿不经屈膝，直接伸直向前落地。

动作要点：节前小跳动作应根据波尔卡前进方向而跳动。小跳并步要快而连贯，重心要随之而转移。

组合二

预备姿势：自然站立，两手叉腰。

第一个八拍(图 5 - 1 - 28)

1 - 2 拍右脚向前波尔卡步一次，两手置于体侧，目视前方。

3 - 4 拍同 1 - 2 拍，换左脚做。

5 - 8 拍同 1 - 4 拍。

1

1′

2

3

3′

4

图 5 - 1 - 28

第二个八拍(图 5-1-29)

1-2 拍右脚向前做波尔卡步一次,同时两臂经前交叉再打开至斜前下举,手心向上。

3-4 拍左脚向前做波尔卡步一次,同时两臂经前收至两手叉腰。

5-8 拍同 1-4 拍。

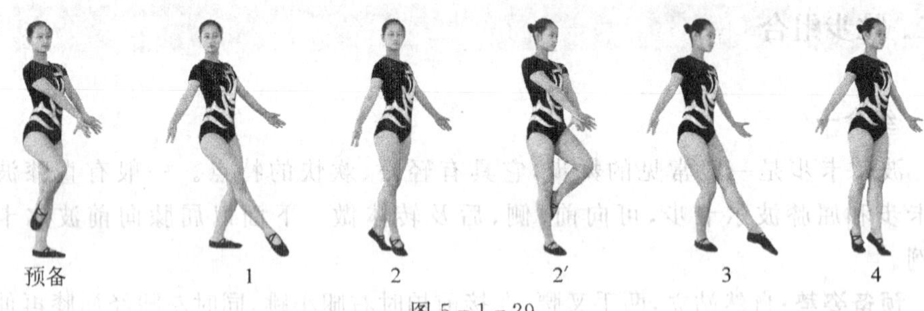

图 5-1-29

组合三

预备姿势: 自然站立,两手叉腰。

第一个八拍(图 5-1-30)

预备姿势: 右腿屈膝侧抬,左脚做一小跳,两臂体前交叉。

1-2 拍右脚向前波尔卡步一次,同时两臂经前打开至右前下举,手心向上,目视右手。2 拍的后半拍同预备姿势。

3-4 拍同 1-2 拍,换左脚做,手臂动作同 1-2 拍。

5-8 拍同 1-4 拍。

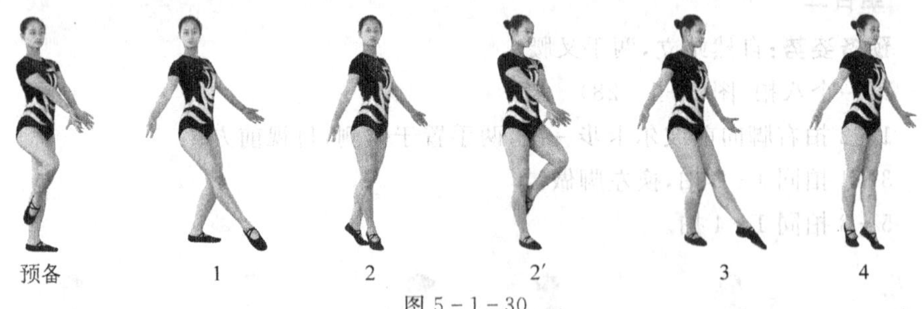

图 5-1-30

第二个八拍(图 5-1-31)

1 拍左脚原地小跳一次落至左腿半蹲,右脚前点地,两臂摆至左臂前举,右臂侧举,目视前方。

2 拍左脚原地小跳一次落至左腿半蹲,右脚后点地,左臂摆至侧举,右臂摆至上举,手心向内,头稍右转。

3-4 拍右脚向前波尔卡步一次,两臂侧下举,目视前方。

图 5-1-31

5-8 拍同 1-4 拍，但换左脚做。

第三个八拍（图 5-1-32）

1-2 拍右脚向后波尔卡步一次，同时左臂摆至上举，手心向外，右臂侧举，手心向下，上体稍右侧屈，头稍右转。

3-4 拍同 1-2 拍，换左脚做。

5-8 拍同 1-4 拍。

图 5-1-32

第四个八拍（图 5-1-33）

1-2 拍向左转 90°，右腿经屈膝侧举向右侧做波尔卡步一次，同时左手叉腰，右臂侧上举，目视右下方。

3-4 拍同 1-2 拍，但向右转 180°，换左脚做。

5-6 拍同 1-2 拍，但向左转 180°。

7 拍向右转 90°，左脚向前一步稍屈膝，右腿屈膝脚尖后点地，然后将重心移至右腿上，同时右臂叉腰，左臂摆至胸前平屈，手心向下，低头含胸。

图 5-1-33

8 拍左脚向后一步，左转 90°，重心移至左腿上，右腿屈膝，脚跟前顶，脚尖点地，同时左臂摆至侧上举，抬头挺胸，目视前上方。

三、形体舞蹈组合展示

组合一

该组合以柔美舒展的动作表现出对美好生活的向往和追求，动作和表情应表现出内在的丰富的情感，对练习者提出了较高的要求。

预备姿势：背向，左腿站立，右脚踏于左脚后，左臂侧举，右手背于体后，目视左下方。

第一个八拍(图 5－1－34)

1－4 拍左脚开始向右侧走四步，手臂和上体保持预备姿势，目视左手。

5－6 拍右脚向侧一步同时右转 180°成左腿在后的踏步蹲，两臂经左向上绕环一周至右侧下举，掌心向下。

7－8 拍站起，左腿支撑，右脚踏于左脚后，同时右手置于体后，左臂至前上举，掌心向前，指尖向上指出，上体稍右屈，目视左手。

图 5－1－34

第二个八拍(图 5－1－35)

1－2 拍左脚向侧一步成弓步，重心逐渐移到双脚，同时两臂经上下落至胸前屈，两手位于脸前，并手掌心向前。

3－4 拍左腿向右前交叉一步成弓步，同时双手提腕经上分手至侧举压腕，立掌，掌心向外，指尖向上。

5－8 拍同 1－4 拍。

图 5－1－35

第三个八拍(图 5－1－36)

1 拍左脚向前一步站立，右脚踏于左脚后，同时右臂做侧波浪一次，目视右手。

2 拍左臂做侧波浪一次并下落至侧下举，同时压腕。

3 拍两臂经侧至侧上举，掌心向外。

4 拍双臂经侧下举压腕，至腹前交叉，掌心向上。

5－6 拍左脚蹬地，右腿后踢做后交换腿跳，先右后左落地，同时两臂经侧至侧上举，掌心向外。

7－8 拍右腿弯曲成后弓步，左脚前点地，同时两臂经上至前举，掌心向下，上体前屈，低头含胸。

图 5－1－36

第四个八拍(图 5－1－37)

图 5－1－37

1－2 拍上右脚成前弓步，两臂经上至侧平举，掌心向下，下胸腰，抬头。

2 拍的后半拍两臂落至侧下举，右腿蹬直，左脚并右脚后站立。

3－4 拍提踵碎步右转一周，两臂做侧波浪一次。

5－6 拍身体向侧后方碎步退，同时左臂经前经侧向后绕环一周，右臂经前向后绕环一周。

7－8 拍左脚为轴向左提踵转 360°，右腿屈膝后抬，左臂由前至侧举，掌心向下，右臂至上掌心向内。

第五个八拍(仅四拍)(图 5－1－38)

1－4 拍提踵碎步左转一周，左手背于体后，右臂胸前平屈，手指触左肩，立掌兰花指，头左侧转，上体稍向左侧屈。

第六个八拍(图 5－1－39)

1－4 拍面向 1 点右脚开始向右走四步，左手侧下举，右手背于体后，上体稍向左侧屈。

5 拍面向 3 点左脚蹬地，右脚屈膝落地。

6 拍左脚前点地，左手经前至托掌，右手由侧落至胸前按掌，上体右侧屈左转 90°。

7－8 拍停止不动。

第七、八、九个八拍同第二、三、四个八拍，方向相反。

结束动作(图 5－1－40)

图 5－1－38

图 5－1－39

图 5－1－40

身体面对 8 点，头向 2 点。左腿在前右腿在后大踏步，两臂做侧大波浪至侧上举，掌心向内。

组合二

该组合采用具有欢快热烈情绪的音乐伴奏，以跳退步为基本步伐，配合跳踏步、小射雁跳等轻盈欢快的跳跃步伐和转身动作，表现出纯真、善良的美好形象和情绪。此组合具有一定的难度，适合于有基础的学生和爱好者选用。

前奏 1×8 拍:面向 1 点站立,左脚在前成踏步,两臂下垂后背手。8 拍重心移至右脚。

第一个八拍(图 5-1-41)

1 拍面向 2 点,左脚向前一步,双手胸前交叉,立腕掌心向前,兰花指。

2 拍右脚向前一步,两臂打开至侧举立腕。

3 拍左脚向前一步与右脚并拢,右臂侧上举,掌心向外,左臂侧举不动,目视右手。

4 拍双脚并步跳后撤,头转向 1 点。

5-8 拍同 1-4 拍。

图 5-1-41

第二个八拍同第一个八拍。

第三个八拍(图 5-1-42)

1-3 拍左脚蹬地小跳,右脚落地,左脚于右脚后,左手经上至胸前按掌,右手不动,上体右侧屈,目视 8 点。

4 拍左脚上步至右脚前,双脚提踵立。

5-8 拍五位提踵碎步左转 360°,两手落至胸前,立腕,掌心向前。

图 5-1-42

第四个八拍(图 5-1-43)

1 拍面向 6 点右脚蹬地小跳,左脚落地,两臂侧举。

2 拍右脚向前一步，左手经上至掌，右手经前至上举，掌心向内。

3 拍左脚向前一步。

4 拍身体右转 180°，面向 2 点，右脚后退一步，左手经前撩至上举，掌心向内，右手至按掌，目视 2 点。

5－6 拍两脚交叉提踵右转 360°，两臂胸前交叉，两手扶大臂。

7－8 拍左腿吸起，右脚蹬地跳起。

图 5－1－43

第五个八拍(图 5－1－44)

1－2 拍面对 1 点，左脚落地，两臂胸前交叉，掌心向上。

3－6 拍左前弓步，两臂逐渐打开至侧举。

7－8 拍翻手提腕。

图 5－1－44

第六个八拍(图 5－1－45)

1－8 拍腿不动，两手在侧做压腕向内的抹手，慢慢收至胸前两手交叉，掌心向前。

第七个八拍(图 5－1－46)

1 拍面向八点，左脚向前一步，左臂上举，右臂前平举。

2 拍右脚向前一步，两手上举。

3－4 拍身体转向 2 点，左脚向侧一步，右腿后撤一步，同时左臂经侧摆至前举，右臂不动。

图 5-1-45　　　　图 5-1-46

5-6 拍右脚后撤成交叉弓步，左手翻腕至掌心向上，脚不动，身体转向 1 点，左臂由前摆至侧举，右臂不动。

第八个八拍动作同第七个八拍，面向 2 点反方向做，最后转向 1 点。

第九个八拍(图 5-1-47)

1 拍面向 1 点左脚向右前方一步，双手胸前交叉立腕，头左倾。

2 拍右脚向左前方一步，两臂打开至侧举，立腕，头右倾。

3 拍左脚向左侧一步，右臂侧上举，左臂侧举，头左倾。

4 拍两脚跳并步后撤，双臂胸前合掌，头不动。

5-6 拍双手不动，头向右侧倒。

7 拍头向左侧倒。

8 拍头向右侧倒。

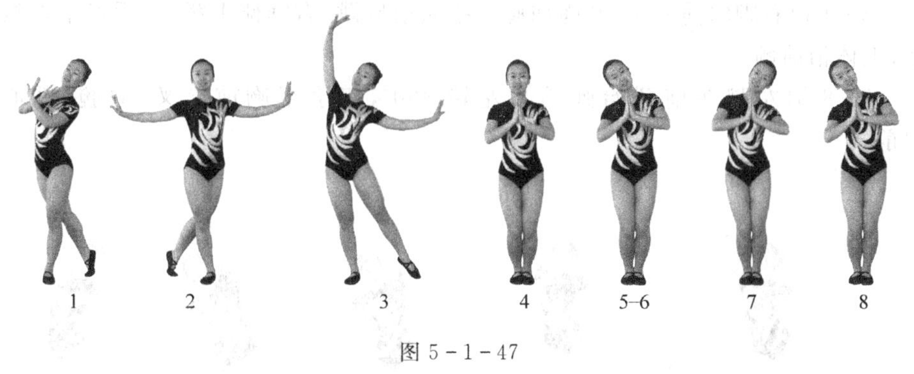

图 5-1-47

第十个八拍同第九个八拍。

第十一个八拍(图 5-1-48)

1 拍左脚向右前 45°迈出，两臂侧举，掌心向下，头向右侧倒，上体稍后仰。

2 拍右脚并于左脚。

3-4 拍双脚并步跳向右后方撤两次，上体稍前倾。

5-8 拍同 1-4 拍，方向相反。

图 5-1-48

第十二个八拍同第十一个八拍。

第十三个八拍(图 5-1-49)

1-2 拍面向 1 点。右脚蹬地向左做踏点跳，双手经胸前交叉至侧举，掌心向上。

3-4 拍反方向跳，双手经前叉腰。

5-8 拍同 1-4 拍。

图 5-1-49

第十四个八拍(图 5-1-50)

1-2 拍面向 8 点左脚上步踏跳，右腿后举，左臂前上举，右臂侧举。

3-4 拍右脚向前一步，左腿屈膝后抬做射雁跳，右臂侧上举，左手经下至按掌，上体稍前倾。

5-8 拍左脚在前开始弹动步左转 360°，双手至胸前交叉，立腕，掌心向前。

图 5-1-50

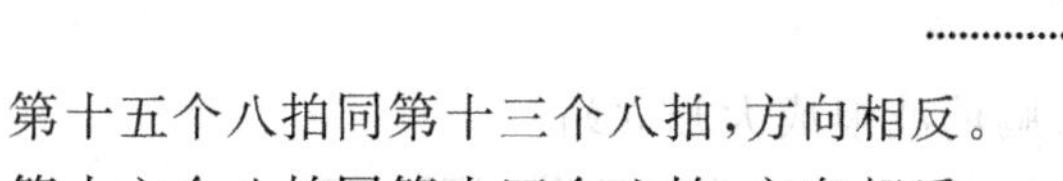

第十五个八拍同第十三个八拍，方向相反。

第十六个八拍同第十四个八拍，方向相反。

组合三

本组合是一套爵士风格舞。爵士舞通过胸部、髋部、颈部以及手臂动作夸大幅度的动作练习，加上激情而富有节奏的音乐，可以提高练习者身体的协调性、灵活性以及动作的美感。

本组合的内容主要以手臂的力度及延伸的动作为主，配合胸部的含、展和脚的灵活性动作，通过反复的训练可以提高身体的柔韧性、力度和幅度。

预备姿势：小八字步站立，挺胸抬头，收腹立腰，目视前方。

第一个八拍(图 5－1－51)

1－2 拍左脚开始向前走二步，手臂体侧自然摆动。

3 拍左脚向左迈一步，两手于体侧。

4 拍右脚向右迈一步成两脚开立，两手臂体侧打开。

5－8 拍两腿屈膝渐渐下蹲(膝盖外开)，同时两肩依次向后绕环 4 次。

图 5－1－51

第二个八拍(图 5－1－52)

1 拍保持半蹲，右手向前伸，上体前倾，抬头挺胸，左臂在体侧。

2 拍右手拍地面同时低头含胸。

图 5－1－52

3-4 拍胸部向前伸做一次胸前波浪成大开立站。

5-6 拍两脚向内跳成交叉(右脚在前),同时两臂侧平打开。

7 拍交叉立转 360°,两臂于体侧。

8 拍两脚跳成开立,同时两手臂上举,掌心向前。

第三个八拍(图 5-1-53)

1-2 拍左脚向左迈一步,右脚右侧点地,重心在左腿,同时两手体前交叉至体侧。

3-4 拍左脚向右脚并拢,右手从左侧掏出至前平举。

5-6 拍两腿半蹲同时右臂体侧向前绕环两周。

7 拍左脚向左一步,右腿屈膝内扣,上体左转 45°同时两手臂肘关节上抬,两小臂交叉,低头含胸。

8 拍重心移至右腿同时上体转体 45°,两手臂向下至体侧。

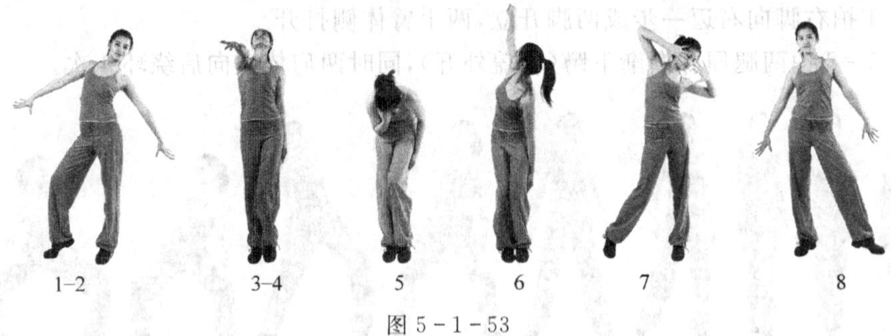

图 5-1-53

第四个八拍(图 5-1-54)

1-2 拍右腿向左腿屈并拢,同时低头含胸,两臂体前下垂。

3-4 拍上体抬起同时右腿向上向侧抬腿。

5-6 拍同 1-2 拍动作,但方向相反。

7-8 拍两脚交叉蹲转 360°。

图 5-1-54

第五个八拍(图 5－1－55)

1－2 拍两脚向侧滑成横叉,右臂向左前方伸,左臂于体侧。

3－4 拍右臂向右伸,向左前屈。

5－6 拍两腿不动,右臂带动上体向左体绕环一周。

7－8 拍左手后撑,臀离地,右手上举。

图 5－1－55

第六个八拍(图 5－1－56)

1－4 拍右脚向左交叉转体 360°成两脚开立。

5 拍右胯上提同时右臂向右后绕环一周。

6 拍左胯上提同时左臂向右后绕环一周。

7－8 拍向左转体 90°同时右脚向左侧一步,两腿屈膝,两臂体侧屈振胸两次。

图 5－1－56

第七个八拍(图 5－1－57)

1－2 拍左脚向左侧迈一大步成左侧弓步,两臂经体前交叉向侧打开,上体留在右侧,留头。

3－4 拍重复 1－2 拍动作。

5 拍右脚向左脚交叉转体 90°。

6 拍左腿吸腿同时上体前倾挺胸抬头,两手扶胯。

7－8 拍左脚开始向前迈两大步,两臂体侧自然摆放。

图 5-1-57

第八个八拍(图 5-1-58)

1-2 拍两脚开立,身体侧波浪一次。

3 拍向左转体 180°,右脚向右迈出成开立,同时两臂上举。

4 拍两脚不动屈膝,上体左转 180°,右手扶左胯部,左臂向侧打开。

5-6 拍右脚前迈一步,左腿吸腿,左手扶胯,右手扶膝。

7-8 拍同 5-6 拍,方向相反,做 8 拍时右脚落下。

图 5-1-58

第九个八拍(图 5-1-59)

1-2 拍左脚向左前方并步跳一次。

3-4 拍右脚在前大跨跳一次。

5-8 拍右脚向前滑叉。

图 5-1-59

第十个八拍(图 5-1-60)

1-4 拍起身右脚向左交叉转体 360°。

5-8 拍左腿跪,右腿在前成单腿跪立,两臂自然下垂,做 2 次胸部上下波浪。

图 5-1-60

第十一个八拍(图 5-1-61)

1-4 拍两腿站立,右脚点地,两臂侧平举。

5-8 拍右脚向右迈一步,左脚向右脚并拢,右腿屈,脚尖点地,右转 90°,两臂胸前交叉至左手扶右胯,右臂体前屈,掌心向内于眼前,五指分开造型。

第十二个八拍同第十个八拍,方向相反。

图 5-1-61

第二节 塑形训练

经常性、科学性的形体训练,可使肌肉的形态、结构等发生良好变化。

一、徒手局部塑形训练

徒手训练即两手在没有持任何重物的情况下进行的塑形练习,塑形练习动作很多,身体各个部位的肌肉,通过重量轻、次数多的有氧训练,可以达到塑造局部肌肉线条的目的。

(一) 肩部塑形训练

第一个练习:站姿肩绕环

动作要点:直立,上体保持挺胸、收腹、紧腰的姿势。两臂侧平举,肩关节向前小绕环,连续做15～20次,中间休息1分钟,做三组;向后做小绕环,同样做三组。保持正常的呼吸(图5-2-1)。

图5-2-1

塑形部位:肩部周围肌群线条。

易犯错误及纠正方法:

(1) 两臂侧平举耸肩。练习时注意两肩保持放松下沉。

(2) 绕环划圆不够。应该很匀称地、连续地划小圆。

第二个练习:站姿屈臂侧展

动作要点:开立,上体保持挺胸、收腹、紧腰的姿势。两臂夹肘握拳屈小臂(大小臂成90°)。肘关节外展至肘关节与肩关节平行停2秒钟,肘关节渐渐回原位。连续做15～20次,中间间隔1分钟,做三组。保持正常的呼吸(图5-2-2)。

图5-2-2

塑形部位:大臂侧部肌肉线条(三角肌中束)。

易犯错误及纠正方法:

(1) 展肩角度不够。最好的展肩角度为肩关节与肘关节同高。

(2) 上抬肘时耸肩。要注意放松肩关节做动作,肘关节的路线应该是向上向远抬起。

第三个练习:开立屈膝直臂前抬

动作要点:开立屈膝半蹲,上体保持收腹、立腰,两臂放于体前。吸气,两手臂上抬至前平举停2秒,呼气,慢慢还原,重复15～20次,中间间隔1分钟,做三组;此动作可单臂做,也可两臂交替练习(图5-2-3)。

图5-2-3

塑形部位:大臂前侧线条(三角肌前束)。

易犯错误及纠正方法:

(1) 抬臂时耸肩。要放松肩部才能很好地完成动作。

(2) 抬臂时两臂过于伸直。练习时注意两臂应稍屈,拳眼相对。

(3) 站立动作塌腰。要注意控制好身体在立腰收腹的姿态上做动作。

第四个练习:半蹲屈小臂

动作要点:开立半蹲,上体保持挺胸、立腰、收腹姿势,两臂垂直于体前,拳心向前。吸气,两小臂用力向上收至肘关节为零停 2 秒,呼气,两小臂渐渐有控制地下落至臂微屈。连续做 15~20 次,中间间隔 1 分钟,做三组(图 5-2-4)。

图 5-2-4

塑形部位:大臂臂腹线条(肱二头肌)

易犯错误及纠正方法:

(1) 肩关节随动作前后摆动。在动作过程中应该固定肩关节和肘关节,只有小臂做动作。

(2) 运动路线错误。练习时大臂贴紧身体的两侧,小臂在矢状面移动。

第五个练习:肱三头肌练习

动作要点:练习方法一:两脚开立,两臂上举,两手十指相扣,收腹立腰。呼气,两小臂向头后屈,肘关节保持不动;吸气,小臂伸直用力向上伸。练习方法二:弓步右手撑大腿,左臂体侧屈肘,肘关节向后,呼气,小臂向后伸展,吸气,小臂前屈。连续做 15~20 次,中间间隔 1 分钟,左右各做三组(图 5-2-5)。

图 5-2-5

易犯错误及纠正方法:

肘关节不固定。在练习过程中,一定注意肘关节保持内夹收紧固定,只是小臂做屈伸的动作。

(二) 胸部塑形训练

第一个练习:弓步屈臂扩夹胸

动作要点:左脚在前弓步,两臂侧平屈,两前臂向上与地面垂直,大小臂夹角

90°,大臂与地面平行。吸气,胸大肌用力收缩使肩关节内收,两小臂胸前相并,停 2 秒钟;呼气,肘关节渐渐向外打开,回到原位。连续做 15～20 次,中间间隔 1 分钟,做三组(图 5-2-6)。

塑形部位:胸大肌中部线条

易犯错误及纠正方法:

(1) 收缩时手掌用力。练习中应注意将注意力集中在胸部的收缩上。

(2) 还原时过快。整个动作过程应缓慢地退让还原。

图 5-2-6

第二个练习:跪姿双臂屈伸

动作要点:跪撑,两小腿交叉离开地面,腹部、臀部收紧,两臂垂直于地面。吸气,肘关节向外屈臂,上体下压(俯卧撑),上臂与地面平行,胸部尽量贴近地面停 2 秒钟,呼气,两臂用力撑起上体,夹胸还原。连续做 15～20 次,中间间隔 1 分钟,做三组(图 5-2-7)。

图 5-2-7

塑形部位:胸部臂部肌肉群线条

易犯错误及纠正方法:

(1) 做俯卧撑时两肘关节内夹。注意下落时两肘关节向外打开,肩关节和肘关节在一条直线上。

(2) 动作中塌腰、翘臀。练习时注意收紧腹部和臀部,身体和臀部在一个斜面上。

(三) 腹部塑形训练

第一个练习:屈膝仰卧起身

动作要点:屈膝仰卧在垫子上,两手在头后抱头,两肘关节向外打开。吸气,收紧上腹部,蜷身起上体,使头、颈、背部离开垫子,下颌触向锁骨停 2 秒钟。呼气,上体慢慢由背部、肩部、头部依次接触地面还原。连续做 15～20 次,中间间隔 1 分钟,做三组(图 5-2-8)。

图 5-2-8

塑形部位:减少腹部多余脂肪,塑造上腹部曲线。

易犯错误及纠正方法:

(1) 快起快落利用惯性收腹。练习时应快起慢放,用腹部的收缩力量将上体收卷起。

(2) 上体起的时候,两肘内收。收腹时两肘关节始终保持打开的位置。

第二个练习:抬腿屈膝收腹

动作要点:仰卧屈膝抬腿,大腿与地面垂直,小腿与地面平行,两臂伸直上举,贴近地面。吸气,用力收腹肌使上体迅速抬起,后背离地 60°,同时两臂向上向前划弧至体侧,停顿 2 秒钟,呼气,身体慢慢还原。连续做 15～20 次,中间间隔 1 分钟,做三组(图 5－2－9)。

塑形部位:完整的腹部训练,除了可以减少腹部脂肪以外,还可以塑造较完美的腹部形状。

图 5－2－9

易犯错误及纠正方法:

(1) 起坐时用手臂的力量带动上体起。练习时注意用腹部力量起。

(2) 身体还原时没有控制。要慢慢地回落,并保持大小腿不动。

第三个练习:仰卧抬腿

动作要点:仰卧在垫子上,两腿屈膝,大小腿夹角 90°,两臂放在体侧。吸气,用力收腹肌,两腿屈膝上抬至大腿与身体夹角为 60°,小腿与地面平行,停 2 秒钟,然后呼气,大腿慢慢下压,小腿被动下落,脚接近地面控住,连续做 15～20 次,中间间隔 1 分钟,做三组(图 5－2－10)。

塑形部位:减少小腹多余脂肪,塑造扁平的下腹。

图 5－2－10

易犯错误及纠正方法:

(1) 抬腿时腰部过于用力。练习时要用下腹的力量将腿抬起。

(2) 落地动作过快,落地重。要注意缓慢有控制地落地,才有效果。

第四个练习：屈膝仰卧收腹体转

动作要点：仰卧，两腿屈膝抬起，大小腿成90°，两手抱头收腹，肘关节向侧打开。吸气，上体左转，右肘触左膝一次，接着右转，左肘触右膝一次，连续重复两次，呼气，上体慢慢回落，再重复前面动作，连续做15～20次，中间间隔1分钟，做三组（图5-2-11）。

图5-2-11

塑形部位：腹直肌和腹外斜肌的肌肉线条。

易犯错误及纠正方法：

(1) 转体幅度不够。上体转的角度至少在45°～90°之间，才能刺激到腹侧肌肉。

(2) 转体时弓背。练习时上体尽量保持收腹并且背部肌肉收紧。

第五个练习：膝肘撑控制

动作要点：两小腿并拢跪立，两小臂撑地（两小臂平行与肩同宽），收腹、收臀，保持姿势和正常的呼吸，控制30～60秒，中间间隔1分钟，连续做3～5次（图5-2-12）。

塑形部位：腹直肌和腹横肌，锻炼结实平坦的腹部。

图5-2-12

易犯错误及纠正方法：

(1) 塌腰。控制时腹部收紧，臀部收紧。

(2) 低头。练习时保持头颈的控制，尽量延伸使头颈保持在身体的平面内。

第六个练习：小臂侧撑控制

动作要点：左腿屈，右腿伸直与左腿并拢，大臂垂直地面，小臂与大臂成90°，侧撑，左侧腰上提，身体和腿成一斜线连续做3～5次，换另一侧做（图5-2-13）。

塑形部位：腹侧腰肌。

图5-2-13

易犯错误及纠正方法：

(1) 后背肌肉放松。身体不在一条直线上。练习时保持脚、臀、肘在一个平

面内,腰、腹收紧。

(2) 塌侧腰。练习时侧腰尽量往上顶,头部保持与身体在一条直线上。

(四) 背部塑身训练

背部塑身主要以脊椎两侧的肌肉为主。通过练习可以进一步加强背阔肌和竖脊肌力量,使站姿更自然、更挺拔。

第一个练习:弓步两臂下拉

动作要点:前弓步,两臂上举,立腰、上体挺直。吸气,肘关节外开屈臂两手用力下拉,同时肩胛骨内收,挺胸、收紧背阔肌停顿 2 秒。呼气,两手臂慢慢还原。做 15～20 次,中间间隔 1 分钟做三次(图 5-2-14)。

塑形部位:背阔肌的线条。

易犯错误及纠正方法:

肘关节内收,效果差。下拉时肘关节尽量向外展开,用力收缩肩胛骨,挺胸、抬头。

第二个练习:屈膝划船(图 5-2-15)

图 5-2-14

图 5-2-15

第三个练习:站立后抬腿

动作要点:左脚站立,右脚向后脚尖点地,两手叉腰。吸气,右腿绷直向上抬起,收缩臀大肌、竖脊肌。呼气,右腿渐渐回落至原位。连续做 15～20 次,中间间隔 1 分钟,做三组。换左腿做同样次数、组数(图 5-2-16)。

塑形部位:臀大肌、竖脊肌。

图 5-2-16

易犯错误及纠正方法：

(1) 后抬腿时过度塌腰。注意练习时收腹、立腰，身体保持直立姿态。

(2) 屈腿、勾脚尖。做动作时精力集中。

第四个练习：俯卧单腿交换起

动作要点：俯卧，两腿伸直并拢，两手重叠，额头放在手上。吸气，左、右腿依次上抬一次。呼气，左、右腿再依次上抬一次，然后两腿上抬控10秒。连续做30次，中间间隔1分钟，做三组(图5-2-17)。

塑形部位：竖脊肌。

图5-2-17

易犯错误及纠正方法：

(1) 屈腿、勾脚尖。练习过程精力集中，始终绷紧腿部肌肉及绷脚尖。

(2) 竖脊肌没有感觉。做动作时收紧臀部，两腿尽量抬高。

第五个练习：俯卧两头起

动作要点：俯卧，两腿伸直并拢，两臂伸直上举。吸气，左臂、右腿向上抬起，下落的同时右臂、左腿上抬。呼气，依次再左、右交换上抬。连续30次，中间间隔1分钟，做三组(图5-2-18)。

塑形部位：臀大肌和竖脊肌。

图5-2-18

易犯错误及纠正方法：

(1) 屈腿、勾脚尖。练习过程精力集中，始终绷紧腿部肌肉及绷脚尖。

(2) 竖脊肌没有感觉。做动作时收紧臀部，两腿尽量抬高。

第六个练习：跪撑屈伸腿

动作要点：跪撑，右腿提膝前收，收腹，吸气，右腿向后方渐渐伸直，骨盆上提(与地面平行)，臀肌收缩，身体和腿成一条直线；控制5～8秒，还原。换另一条腿做同样动作，连续做15～20次，中间间隔1分钟，做三组(图5-2-19)。

塑形部位：臀大肌。

图 5－2－19

易犯错误及纠正方法：

（1）利用回落的惯性再上抬。练习时注意动作要均匀用力。

（2）塌腰屈腿。练习时注意腿向后伸直同时臀部收紧，腹背部肌肉收紧。

（五）腿部塑身训练

第一个练习：站姿屈膝

动作要点：直立，两手叉腰，右小腿向后屈至脚后跟碰到大腿，然后小腿渐渐放下回原位。连续做15～20次，中间间隔1分钟，做三组。换左腿做同样次数、组数（图5－2－20）。

锻炼部位：大腿后群肌肉、股二头肌。

图 5－2－20

第二个练习：弓步下蹲

动作要点：左脚在前，前后站立，收腹立腰，两手叉腰，呼气，身体重心垂直向下，两腿屈膝下蹲，吸气，股四头肌收缩，重心向上两腿伸直（图5－2－21）。连续做15～20次，做三组。换右腿做同样次数、组数。

图 5－2－21

易犯错误及纠正方法：

下蹲时骨盆前倾或后倾。注意下蹲时身体重心垂直向下，上体保持正直。

二、瑜伽塑身

随着社会经济的快速发展和人们生活水平的日益提高，人们对自身素质的要求也越来越高，如何保持自身的形体美成为人们关注的焦点。

健身瑜伽是保持形体美的有效方式，它采用哈他瑜伽当中的大量体位动作，将其流畅地贯穿在一起，打破了传统瑜伽的乏味感，增加了趣味性。配合呼吸的韵律围绕脊柱完成的各种姿势，可以有效地按摩腹腔器官，实现对内脏活动的自我调节，调节内分泌，加强胃肠蠕动，促进脂肪的消耗，达到减肥塑形的目的。同时还可以增强肌肉力量，并通过各种伸展姿势拉长肌肉线条，塑造出青春靓丽的身姿。

(一) 健身瑜伽的功效

1. 减肥塑形

由于大量体位具有较强的针对性，能有效地锻炼身体各个部位，并且能消耗人体大量能量，健身瑜伽可以起到减肥与塑造形体的功能。

2. 提高心肺功能

在练习过程中，由于体位的强度大小不同，会导致心率高低起伏，从而能有效地提高心肺功能。

3. 培养稳定耐受力及自我意识感

健身瑜伽在舒缓的节奏韵律中完成，所以需要具备一定程度的稳定力与耐性，时刻关注体会自己身心的变化，培养自我凝聚力与意识感。

4. 改善整个机体的健康状况和平衡系统

由于在健身瑜伽练习过程中，大量体位会刺激和调理身体内部脏器、腺体及各个系统，对改善身体状况有很好的效果。

5. 缓压健心之功效

在健身瑜伽练习过程中，伴随着轻柔舒缓的音乐，可以让人疲惫的身心得到全面的调理和放松。因此，具有释放压力、缓解身心的功效。

(二) 瑜伽塑身应注意的问题

(1) 尽量进食后2～3个小时练习，保持适度的空腹。

(2) 应保持练习环境空气流通。

(3) 练习时保持自然顺畅的呼吸，尽量不要憋气(除非有特殊要求)。瑜伽的呼吸方式有：

● 腹式呼吸：仰卧，单手放于肚脐上，吸气时把空气直接吸向腹部，气息将腹部顶起，吸气越深，腹部升起越高，随着腹部扩张，横膈膜下降，然后呼气，腹部向内向脊柱方向收，凭着尽量收缩腹部的动作把所有空气呼出双肺，横膈膜随之自然升起。

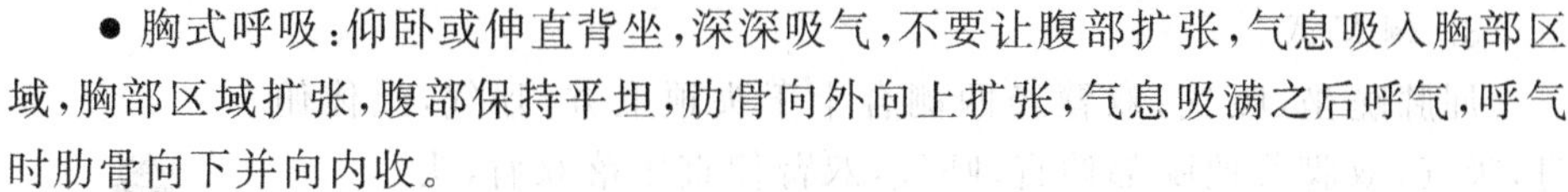

● 胸式呼吸：仰卧或伸直背坐，深深吸气，不要让腹部扩张，气息吸入胸部区域，胸部区域扩张，腹部保持平坦，肋骨向外向上扩张，气息吸满之后呼气，呼气时肋骨向下并向内收。

● 完全呼吸：此方法是把以上两种呼吸结合来完成。首先将气息吸向腹部，吸满后再充满胸部区域，将胸部吸满空气扩张到最大限度，腹部向内收紧，然后按反方向呼气，首先放松胸部，然后放松腹部，用收缩腹部肌肉的方法结束呼气。"完全的呼吸"应是顺畅而轻柔的，就像一个波浪轻轻地从腹部波及胸膛上半部，然后减弱消失。

(4) 做练习时，把注意力集中于姿势对自己体内产生的感觉上。

(5) 高血压、低血压患者、晕眩病者、心衰者，不要做倒立体位，经期妇女也勿做。

(6) 练习时要尽可能穿着简单、宽松。最好光脚，并摘掉手表、腰带和其他饰物。

(三) 健身瑜伽体位动作

1. 风吹式

身体保持直立，手指交叉紧握，食指伸直合并，手臂贴近耳朵两侧，保持身体在同一个侧面，向左侧弯曲，保持 10～20 秒；然后上半身向右侧、向后弯曲，保持同样时间；向前弯曲时，身体下俯，让上半身与腿部贴紧，双手握住脚后跟。觉得难度大时可以膝盖弯曲，同样保持 10～20 秒(图 5-2-22)。

功效：加强腰线、臀部、大腿等部位的锻炼，可作为热身的开始。

图 5-2-22

2. 半蹲式

手臂向前伸展，与肩同宽，掌心向下，膝盖弯曲，直到腿与地面平行，注意脚后跟最大限度抬起，上半身挺直，保持 10～20 秒，然后身体慢慢恢复原位(图 5-2-23)。

功效：对大小腿、臀部肌肉以及膝关节、踝关节的血液循环有很大帮助，椎间盘突出的人可以经常练习这个动作。

图 5-2-23

3. 倒V式

屈膝跪坐，吸气，双臂经两侧合十于头顶上方；呼气，上体俯身，吸气，双脚着地膝部伸直；呼气，双臂伸直压落双肩，头部放松垂落；保持10～20秒，还原放松（图5-2-24）。

功效：消除肩部的僵硬感，放松腿部肌群及韧带，改善圆肩驼背现象。

图5-2-24

4. 单腿伸展式

保持倒V式，吸气，右脚伸直抬离地面，髋关节不要外展，双臂尽力充分伸直。保持10～20秒，然后换另一侧腿做（图5-2-25）。

图5-2-25

功效：加强手臂力量，加深腿部的拉伸感。经常练习可以保持充沛的精力与体力。

5. T式

图5-2-26

站立，手指交叉相握，食指伸直并拢，手臂向上伸展，贴在耳边；向后抬左腿，身体向前俯，使左腿、身体在同一条直线上，两臂侧单举；保持10秒（图5-2-26）。

功效：锻炼平衡能力，对臀部、大腿、髋部能起到减脂作用，同时对心肌及肺部的锻炼也有好处。

6. 树式

图5-2-27

双腿并拢站立，重心向左侧转移，右脚掌心紧贴左大腿内侧，膝关节打开；吸气，双手合十于胸前；呼气，手臂上推至最高点，目视前方一点，保持3～4次均匀呼吸，慢慢恢复直立站姿，换另一腿做（图5-2-27）。

功效：加强髋与膝关节活动幅度，减少腹部压力，消除腰腹两侧脂肪，增加稳定性。该动作对预防腰病与炎症有帮助。

7. 卷缩式

仰卧，双手放于身体两侧；吸气，屈双膝，双手十指交叉抱住小腿，双肘尽量靠近身体；呼气，双手用力将双腿拉向胸部，上体起身额头触膝，均匀呼吸，保持 10～20 秒；吸气，双手松开；呼气，双腿伸直落回地面。这一动作可作为放松练习(图 5-2-28)。

图 5-2-28

功效：缓解和消除腰背部的压力，挤揉胸腹部的内脏，促进消化吸收的功能。

8. 翘首式

俯卧，额头点地，双手放于胸部两侧；吸气，慢慢抬头，用脊柱的力量带起上身，使腹部离开地面，双臂稍弯，肩膀后收；呼气，用脊椎的力量使背部向后弯曲，腹部向地面下沉，均匀呼吸，保持 10～20 秒；吸气，颈部放松；呼气，身体慢慢落回，额头点地，双手放回身体两侧，掌心向上(图 5-2-29)。

图 5-2-29

功效：加强胸、颈部分脊椎的伸展。

9. 飞机式

俯卧，额头点地，双手放在身体两侧，掌心向上；吸气，双腿双臂伸直向上抬起至最高点，抬头目视前方，腰、背、臀部肌肉充分收紧，均匀呼吸，保持 10～20 秒；呼气，双腿慢慢落回地面(图 5-2-30)。

图 5-2-30

功效：刺激肾脏腺体，使臀部凹凸有形。

10. 拉弓式

俯卧，额头点地，双手放在身体两侧，掌心向上；吸气，屈膝，双手抓住脚背，抬头目视前方；呼气，双腿和上身同时向上至最高点，腹部下沉，肩胛骨后收，均匀呼吸；保持 10～20 秒，慢慢落回地面放松(图 5-2-31)。

图 5-2-31

功效：能增加脊椎活动幅度，伸拉胸腹及髋部，有效地消除腹部多余脂肪。

11. 坐姿体前屈

坐姿，双腿并拢伸直；吸气，手臂经两侧向上抬起，大臂贴近耳根，掌心相对，呼气，身体从腰部向前弯，双手自然放松，额头尽量贴近小腿，均匀呼吸，保持 10～20 秒；吸气，慢慢起身；呼气，手臂经两侧放松回落(图 5-2-32)。

图 5-2-32

功效：增加血液向内脏的流量，有助于平衡血糖；伸展大腿后群的肌肉，有效消除大腿后群肌肉、臀部肌肉

多余脂肪。

12. 脊柱扭转式

坐姿,双腿向前伸展;屈右膝,右脚放于左膝外侧,左臂放于右膝外侧;吸气,身体以脊柱为轴向右后方扭转至最大幅度;呼气,双手自然放松,均匀呼吸,保持10~20秒;吸气,慢慢转身还原(图5-2-33)。

图5-2-33

功效:增加血液循环,加强脊椎与髋关节的柔韧性,有预防脊椎病与坐骨神经痛、加强消化吸收系统的功能。

13. 犁式

仰卧平躺,双手放于体侧,双脚并拢;吸气,双腿向上抬起至垂直于地面;呼气,双脚移至头上方,保持呼吸1~2分钟,然后慢慢放落还原(图5-2-34)。

图5-2-34

14. 肩肘倒立式

保持犁式,吸气,双手托住腰部两侧,双脚带动上体向上伸直至垂直于地面,保持3分钟;呼气,还原身体,仰卧放松,保持5~10分钟(图5-2-35)。

图5-2-35

功效:调节甲状腺与甲状旁腺的分泌,平衡各个系统,放松血管与心脏;缓解精神压力,平静身心;促进能量向心理能量流动,平静安定大脑。

三、普拉提塑身

普拉提练习主要以核心稳定性训练为主,在提高"核心"控制的基础上,进一步加强动作的协调性、稳定性,使体态更加优美。

核心稳定性是指人体在完成功能性动作时(坐、站立、走、跑)维持腰椎骨盆髋部复合体稳定的能力。

核心部位主要肌肉包括:负责保持稳定的肌肉—腹横肌、腹内斜肌、腰椎多裂肌、骨盆底肌、膈肌、横突脊肌；负责产生动作的肌肉——背阔肌、竖脊肌、腘绳肌、腹直肌、腹外斜肌、股四头肌、臀大肌等。

核心部位的稳定性可通过"普拉提"塑身法进行有效的训练，其中包括垫上普拉提训练和球上普拉提训练。

普拉提的功能有：调整肢体，改变不良姿态；恢复与预防运动损伤；雕塑修长结实的体型；保持身体运动机能：肌力、柔韧度、协调性、平衡感；建立正确的运动观念，提高动作的训练效率；提高肢体认知、学习能力，自我纠正错误姿势；加强身体核心部位的稳定性，减轻背部疼痛；促进血液循环，舒缓肩颈酸痛；调整呼吸，加强心肺功能；帮助注意力集中，减轻压力。

第一组动作

核心部位—腹直肌、腹横肌、腹内斜肌、腹外斜肌、竖脊肌。

1. 仰卧屈膝(图 5-2-36)

图 5-2-36

动作要点：

(1) 仰卧，双手高举过头，髋部及膝关节屈成 45°，全脚掌着地。

(2) 手臂伸向前，吸气卷动上身至 45°，停留 3 秒。

(3) 呼气，同时滚动回起始位置。重复。

注意事项：

(1) 练习时注意先腹肌收缩后头、肩、胸依次离地。

(2) 还原要慢，腹肌要有控制。

2. 抬腿仰卧起(图 5-2-37)

图 5-2-37

动作要点：

(1) 仰卧，仰卧髋部及膝部屈 90°，小腿与地面平行，手臂前举手指向天花板延伸。

(2) 呼气，同时手臂向下移动至身体侧面。

(3) 低头，腹肌收缩，经头后部颈椎、肩部依次离地抬起。

(4) 保持姿势并且上下移动手臂进行小范围的振动。

注意事项：

(1) 仰卧举腿屈膝时大腿垂直于地面。

(2) 颈部不能过于用力前屈。

3. 仰卧起上体(图 5-2-38)

图 5-2-38

动作要点：

(1) 坐姿膝关节弯曲，脚平贴在地板上，后背伸直。

(2) 稳定肩胛骨同时将手臂前平举，平行于地面。

(3) 慢慢弯曲后背，从下背部开始慢慢后坐，由后背

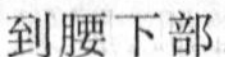

到腰下部。

(4) 还原至起始位置重复进行动作。

注意事项：

(1) 上体在立直以后再慢慢经腰、胸、颈依次着地。

(2) 动作过程保持均匀呼吸。

4. 仰卧交换腿(图 5-2-39)

动作要点：

(1) 仰卧，膝关节伸直，髋部屈 90°，脚跟并拢，脚尖向外绷紧，手于身体两侧。

(2) 呼气，同时左腿放低至 45°。

(3) 吸气，同时左腿和右腿交换，至左腿上收 90°，右腿下落至离地 45°。

重复：15～20 次，做三组。

图 5-2-39

注意事项：

保持背部及骨盆较小的动作幅度并平贴在地板上。

5. 直角坐(图 5-2-40)

动作要点：

(1) 坐姿，双腿并拢，膝关节伸直，脚尖绷紧。

(2) 后背倾斜，双手后支撑上身，肘关节微屈。

(3) 呼气，同时抬起左腿向上使髋关节屈成 90°。

(4) 吸气，双腿交换，左腿下落还原至接近地板。重复 15～20 次，做三组。

图 5-2-40

注意事项：

(1) 后背肌肉收紧，腰立直，挺胸。

(2) 两腿上抬时腿不能弯曲，脚尖紧绷。

6. 仰卧屈膝转体(图 5－2－41)

动作要点：

(1) 仰卧，膝关节及髋关节屈成 90°，双手抱头收腹；吸气同时右腿伸直，左腿屈膝，膝盖上抬于胸前准备。

(2) 呼气，同时上体向右扭转，伸直左腿，屈右腿，左肘和右膝于胸前相碰，控制 2 秒。

(3) 吸气，回到准备位。

(4) 呼气，同时向左扭转上身，伸直右腿，控制 2 秒。

连续交换动作 15～20 次，做三组。

图 5－2－41

注意事项：

(1) 体转时骨盆尽量保持小幅度活动范围。

(2) 膝关节和肘关节每次都要相碰。

7. 团身滚动(图 5－2－42)

动作要点：

(1) 双腿分开呈坐姿，膝关节弯曲，手抱住大腿。

(2) 保持背部伸直，吸气同时收紧腹部肌肉并且向后移动至平衡在坐骨上。

(3) 呼气同时弯曲背部。

(4) 吸气向后滚动至肩膀，呼气还原至平衡位置。

动作重复 10 次。

图 5－2－42

注意事项：

(1) 滚动时身体尽量收紧抱圆。

(2) 注意还原到上体挺直。

8. 屈腿仰卧(100 次)(图 5－2－43)

动作要点：

(1) 仰卧，脊椎保持自然弯曲弧度，两脚分开，大小腿夹角为 90°；两手放在膝盖上，收腹，骨盆与地面平行，吸气准备。

(2) 呼气，上半身卷起离地，两手臂往前伸直，与大腿两侧、双腿保持 90°夹角，颈部延长，两眼目视前方，保持收缩状态。

(3) 吸五小口气，两臂配合上下拍打 5 次，再吐五小口气，双臂继续上下拍打 5 次。

重复做 5～10 套呼气与吸气的拍打动作。

图 5-2-43

注意事项：

(1) 吸气、呼气动作与手臂动作配合要协调。

(2) 在动作过程中不能过于低头。

第二组动作：后背肌群

1. 俯卧双腿屈（图 5-2-44）

动作要点：

(1) 俯卧，两腿伸直成小 V 字，额头触垫子，两手放于后腰上，肘关节自然放下，吸气准备。

(2) 呼气，脸转向一边，分为三口呼气，配合双腿弯曲，脚后跟向臀部方向收缩三次。

(3) 吸气，双腿伸直，同时上体向上抬起，两手用力向脚尖方向延伸带动肩膀后拉开，收紧臀部和背部，稍抬头。

(4) 呼气，上体还原，两腿回屈，重复动作 10～15 次，做三组。

图 5-2-44

注意事项：

(1) 腿后屈练习时尽量缩小角度，以加强股二头肌的收缩。

(2) 两头翘时肩膀尽量后展，收缩臀部、背部肌肉。

2. 俯卧抬上体(图 5-2-45)

动作要点:

图 5-2-45

(1) 俯卧手臂侧平举,手掌向下,肩带后缩。

(2) 吸气,同时抬起手臂离开地面,上背部收缩,上体离开地面,颈往前上伸,控制 3~5 秒。

(3) 呼气,手掌向上,然后慢慢还原至起始位置。

重复 15~20 次。

注意事项:

(1) 保持髋部平贴地面。

(2) 保持头部与脊柱在一条线上。

第三组动作:侧卧

1. 侧卧单腿上抬(图 5-2-46)

动作要点:

图 5-2-46

(1) 侧卧两腿并拢、夹紧向远处延伸,头顶与脚趾成一条直线。

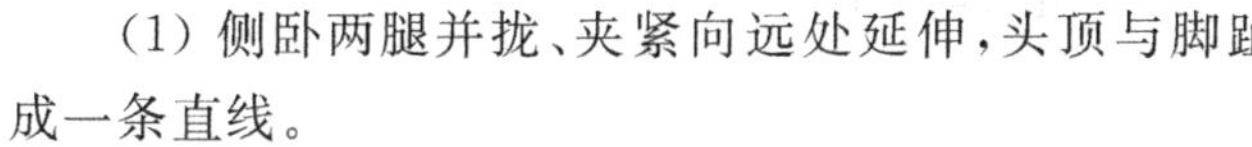

(2) 近地面的手臂伸直,头轻靠在手臂上,脸朝正前方,目视前方,另一手臂在体前弯曲,吸气准备。

(3) 呼气,腹肌、侧腰肌与肋肌先收缩,再将右腿向上抬起。吸气,控制 1~2 秒。

(4) 呼气,右腿慢慢放到地面,保持脊椎自然弯曲。做 10~15 次,换腿重复此动作。

注意事项:

(1) 腹侧腰肌收紧后再抬腿。

(2) 腰部不能塌陷,注意抬腿的高度与肩在一直线上。

(3) 注意力集中,感知两点一线的位置。

2. 侧卧内收腿(图 5-2-47)

动作要点:

(1) 左侧卧,保持背部伸直,右手支撑颈部。

(2) 髋部屈 30°,腿稍向前,保持足背屈。

(3) 右腿屈膝将脚放于左腿膝关节或大腿前侧的地板上。

(4) 收紧腹部,呼气的同时收紧左腿内侧抬起左腿。

(5) 慢慢吸气,左腿划小圈 5 次,然后放下。

重复 15~20 次,做三组。

图 5-2-47

注意事项:

(1) 保持臀部较小的活动幅度。

(2) 髋部与地面垂直,保持小腹的收缩。

3. 侧卧振腿(图 5-2-48)

动作要点:

(1) 左侧卧,保持后背伸直,左手支撑颈部。

(2) 髋部屈成 30°,腿稍位于身前,保持足背屈。

(3) 右腿屈膝,将右脚放于左腿膝或大腿前方的地面上。

(4) 收紧腹部肌肉,吸气,抬起左腿上下振动 3 次,呼气,左腿还原。

重复动作 15~20 次,换另一腿,做三组。

图 5-2-48

注意事项:

(1) 保持髋部较小的活动幅度。

(2) 腿振动时,保持髋部垂直于地面。

4. 侧卧前后摆腿(图 5-2-49)

动作要点:

(1) 左侧卧,保持背部伸直,左手支撑颈部。

(2) 臀部屈 30°使腿稍位于身前,保持膝关节伸直。

(3) 收紧腹部肌肉,吸气,同时举起左腿与髋同高,保持足部屈。

(4) 呼气同时向前小幅度摆腿两次。

(5) 吸气,绷紧脚尖向后摆一次。

动作重复 15~20 次,换右侧做,做三组。

图 5-2-49

注意事项:

(1) 保持髋部较小的活动幅度。

(2) 腿摆动时,保持髋部垂直于地面。

5. 侧卧侧踢腿(图 5-2-50)

动作要点:

(1) 左侧卧,左手支撑住颈部,腿伸直,脚后跟并拢。

(2) 呼气,收紧腹部,右腿屈膝脚尖放于左腿内侧。

(3) 吸气,右腿伸直同时向上踢腿,控制 3 秒。

(4) 呼气,右腿屈膝,右脚尖经膝盖向下滑动还原。

图 5-2-50

重复 15～20 次,然后换另一侧,做三组。

注意事项:

(1) 保持髋部较小的活动幅度。

(2) 踢腿时,保持腹部收紧,髋部垂直于地面。

四、健身球锻炼

(一) 了解健身球

健身球有过许多称谓,如瑞士球、瑜伽球、体操球、物理球等,其中,健身球是最为常用的称呼。健身球运动的历史并不长,在近十多年才登上健身舞台,但发展却极为迅速,到目前为止,健身球已成为功能最多、用途最广的健身器材之一。从外形上看,健身球是一种较大的、不稳定的弹性球,并且型号、颜色甚至形状各异,它广泛地应用于人体的平衡性训练中。长期进行健身球训练可以增强躯干肌肉的稳定性,并能有效改善人体心血管系统的功能,增强肌肉的力量、耐力以及柔韧性。最重要的是,这还是一种乐趣无穷而又具有挑战性的运动,你可以根据自己的情况来挑选不同程度的运动层次。

(二) 健身球锻炼的价值

健身球锻炼最大功能是可以改善人的平衡能力。健身球的不稳定性促使健身者不断地发展其平衡能力,可以有效锻炼平衡躯体的肌群(腹部、下背部、髋部或骨盆)。在球上做练习一般都需要一定的平衡能力和躯体控制能力,在经过一段时间的健身球锻炼后,这两种能力将会有一定程度的提高。我们平时在做健身练习时,会设计一些动作来专门练习平衡能力、力量以及身体肌肉的伸展性。健身球锻炼可以在同一时间内改善人的平衡、柔韧、力量等身体素质,这也是健身球锻炼最重要的特征。

健身球锻炼的另一功能是促进练习者保持正确的身体姿势，正确的身体姿势是练习者在球上平衡自己躯干的前提。在健身球锻炼过程中，为了适应健身球的不稳定性，练习者必须尽力改善其脊柱的稳定性，从而使躯干固定肌群更加强壮。

（三）如何选择健身球

健身球一般可以根据练习者的身高选择。球的大小是从地板面到球顶端的直径来衡量的。不同高度的人选择合适的健身球可参考表 5-2-1。

表 5-2-1 不同高度的人使用健身球大小的规格

人的高度	球的大小	人的高度	球的大小
低于 137 厘米	30 厘米(12 英寸)	173～188 厘米	65 厘米(26 英寸)
137～152 厘米	45 厘米(18 英寸)	188 厘米以上	75 厘米(30 英寸)
155～170 厘米	55 厘米(22 英寸)		

体重偏重以及手臂较长的人应选择较大号的健身球练习。

（四）健身球塑身原则

1. 精力集中原则

健身球不同于其他器械，它的特性是圆体有弹性且具有不稳定性，无论是做平衡练习，还是做球上的力量练习，球都会随身体的变化而变化。如果精力不集中，肌肉就不能得到很好的控制，一旦身体失去平衡从球上摔下来，就会对身体造成伤害。

平衡能力是保持人体平衡、直立行走的最基本的技能。平衡是由神经系统支配的，它通过感觉，特别是眼睛、耳朵和内在的本体感受器给予神经系统身体位置和移动需要的信号。反过来，注意力集中也可以促进平衡能力的提高。

2. 循序渐进原则

健身球训练是一个综合性的训练。在进行各类练习时，不能操之过急，需要从最基本的适应球的特性开始，掌握身体和健身球的结合支撑点，动作由易到难，由浅入深，从坐姿到卧姿逐渐进行，以达到锻炼的最佳效果。

（五）健身球练习

第一组动作：适应性练习

刚开始健身球练习时会出现动作极不稳定的情况，因此，要从最基本的简单动作开始，不论是坐在球上还是卧在球上，都要精力集中，用意念去控制每一块收缩的肌肉，保持身体的直立和收紧状态。

锻炼目的：适应健身球的特性，逐步提高稳定性和平衡能力。

1. 基本坐球(图 5-2-51)

动作要点：

(1) 先把球置于靠近墙的位置，双腿尽量分开坐在球的正上方。

(2) 耳、肩、臀在一条线上。

(3) 觉得完全可以做到上述要求，再让球远离墙壁，然后再坐在球上。

(4) 髋部向左、右摆动，寻找平衡点。

图 5-2-51

注意事项：

(1) 刚开始坐在球上可能会出现身体不稳定的情况，在练习时可先将两脚分开坐下。

(2) 身体的重心要在球的中心线上，头往上延伸，收腹立腰。

(3) 左右摆髋时，上体尽量保持不动。

2. 坐球前抬腿(图 5-2-52)

动作要点：

(1) 坐在球上，一条腿伸直控制 4 拍，另一条腿脚触地，两手扶球。

(2) 两手放在体侧手扶球，两腿交换，另一条腿再控 4 拍。

(3) 上体始终保持直立姿态，如果身体较稳定，两臂可以侧平举控腿。

图 5-2-52

注意事项：

(1) 抬腿时收腹立腰，保持平衡。

(2) 抬腿时腿不能屈，初学者先从手扶球开始，头、肩，髋在一条直线上。

3. 躺球(图 5-2-53)

动作要点：

(1) 双腿尽量分开坐在球的正上方。

(2) 两脚慢慢前移，球慢慢移至肩部，臀部抬起与地面平行，两肩、大臂贴紧球面。

(3) 颈部与头部很舒服地贴在球上，感觉身体平放于平面上，两臂向侧打开。

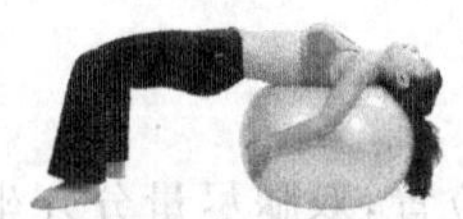
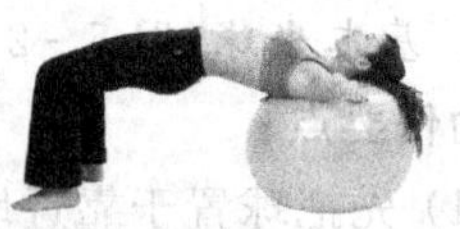

图 5-2-53

注意事项：

(1) 身体呈一条直线，腹部、臀部收紧。

(2) 颈部在球上要放松。

4. 俯卧球(图 5-2-54)

动作要点：

(1) 两腿并拢，跪立俯卧于球上，两手臂抱球。

(2) 两手撑地，两腿分开伸直，脚前掌蹬地面，腹部贴于球面。

(3) 后背夹紧，抬起上体，两手离开地面于腰后。

(4) 背部肌肉收紧，尽量让肩胛骨靠拢。

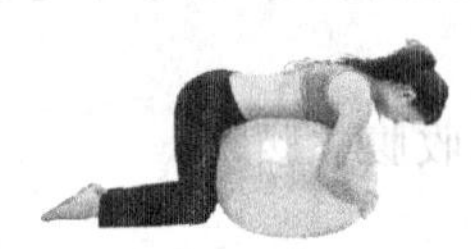
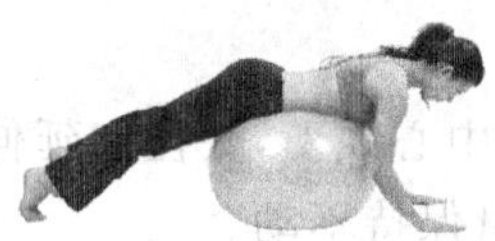

图 5-2-54

注意事项：

(1) 刚开始练习时，可将球放在胸部下方。

(2) 后背抬起时两腿充分伸直。

第二组动作：肩部练习

锻炼三角肌的前、中、后束肌肉，通过手持哑铃练习，能够很好地塑造肩部线条和两臂线条。

1. 坐姿侧抬臂(图 5-2-55)

动作要点：

(1) 保持基本坐姿。

(2) 双手握哑铃置于体侧，肘微屈，双臂向侧展开到侧平举，放下再来。

(3) 均匀呼吸，连续做 15～20 次。

图 5-2-55

注意事项：

(1) 记住不要让哑铃接触球的表面。

(2) 动作过程中肘关节保持略弯，手臂抬起，不能高于肩。

2. 侧腰靠球侧平举(图 5-2-56)

动作要点:

(1) 把髋及腰靠在球上,靠近地面一侧的手掌撑地面。

(2) 另一侧手持哑铃置于体侧。

(3) 肘略屈,把哑铃举过肩,收回再来。

(4) 均匀呼吸,连续做 15~20 次。

图 5-2-56

注意事项:

(1) 在收回时不要让手臂靠近身体。

(2) 侧撑动作保持腹部、背部、臀部肌肉收紧。

(3) 肩、髋、脚保持在一条直线上。

3. 坐式飞鸟练习(图 5-2-57)

图 5-2-57

动作要点:

(1) 保持正确的基本姿态。

(2) 双手相对握哑铃。前弯腰直到胸部靠近膝盖,哑铃置于踝两侧。

(3) 侧平举,双臂直到与地面平行,慢慢收回再开始。

(4) 均匀呼吸,连续做 15~20 次。

注意事项:

(1) 俯身向前时,后背部保持伸直。

(2) 动作过程中身体始终保持不变。

4. 坐姿前平举(图 5-2-58)

图 5-2-58

动作要点:

(1) 基本坐姿,双手相对握哑铃置于体侧,哑铃靠球。

(2) 举起哑铃,在体前与肩同高。控制 1 秒,收回再举。

(3) 均匀呼吸,连续做 15~20 次。

注意事项:

(1) 肩部保持稳定,不要摇晃哑铃。

(2) 在整个练习过程中控制好肩部的姿态至关重要,开始练习时应选择小重量哑铃。

第三组动作:臂部练习

锻炼大臂前肱二头肌、肱三头肌,通过训练塑造臂部优美的线条。

1. 坐姿屈二头肌(图 5-2-59)

图 5-2-59

动作要点:

(1) 基本坐姿,挺胸收肩。

(2) 握哑铃并置于体侧球上。

(3) 屈小臂,手心向上,还原,但不要让哑铃触球。

(4) 均匀呼吸,连续做 15～20 次。

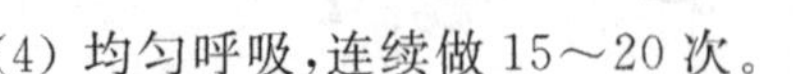

注意事项:

(1) 开始时要选择一个适当的哑铃。

(2) 要有控制地打开手臂。

2. 坐球推举(图 5-2-60)

图 5-2-60

动作要点:

(1) 坐在球正上方。

(2) 挺胸扩肩,双手持哑铃上举过头,再往下收回。

注意事项:

(1) 上举时两臂尽量夹耳朵。

(2) 两拳眼相对。

3. 站立肱三头肌扩展(图 5-2-61)

动作要点:

(1) 选择合适的哑铃。

(2) 腿略屈,前后开立,保持腹部收紧。

(3) 一手扶在球正上方,另一手握哑铃放于腰际,然后肘关节不动,小臂向后伸。

(4) 呼吸均匀,做 15～20 次,换另一面做。

图 5-2-61

注意事项:

(1) 练习时一手扶球,另一手臂肘关节贴近身体屈。

(2) 练习时上体保持前屈,不能转体。

4. 坐式过头屈伸(图 5-2-62)

动作要点:

(1) 选择一付合适的哑铃。

(2) 坐在球的正上方,双手握一哑铃并上举在头上方。

(3) 双肘平行并保持稳定,小臂下垂,哑铃置于背后,用肱三头肌的力量把前臂拉到上举位。

图 5-2-62

注意事项:

(1) 当举到最高点时肘部要略屈。

(2) 固定肘关节做屈臂、伸臂的动作。

(3) 保持脊椎的正常生理曲线,不能塌腰。

第四组动作:胸部练习

配合哑铃可更好地锻炼胸部肌群,使胸部线条更加柔和。

1. 哑铃飞鸟(图 5-2-63)

动作要点:

(1) 选择合适重量的哑铃,双腿比肩略宽坐在球的正上方。

(2) 慢慢地把脚往前伸,让球移向背部直到肩,抬起臀部,肩、臂、膝在一条直线上。

(3) 肩部舒服地靠在球上,为了保持平衡,尽量分开双脚,手臂上举至胸部,双肘略屈。

(4) 展开双臂直到与地面平行,然后胸部收缩,两臂内收。

(5) 均匀呼吸,连续做 15~20 次。

图 5-2-63

注意事项:

(1) 练习时打开和内收两臂都要微屈。

(2) 打开时动作要缓慢,有控制。

2. 仰卧上举练习(图 5-2-64)

动作要点:

(1) 坐在球上,双脚距离宽于肩。

(2) 脚慢慢前伸,球移向后背直至肩。

(3) 顶胯向上,躯干与地面平行,头与颈部舒服地靠在球上,力量训练集中于胸部。

(4) 握哑铃做垂直向上的伸举。

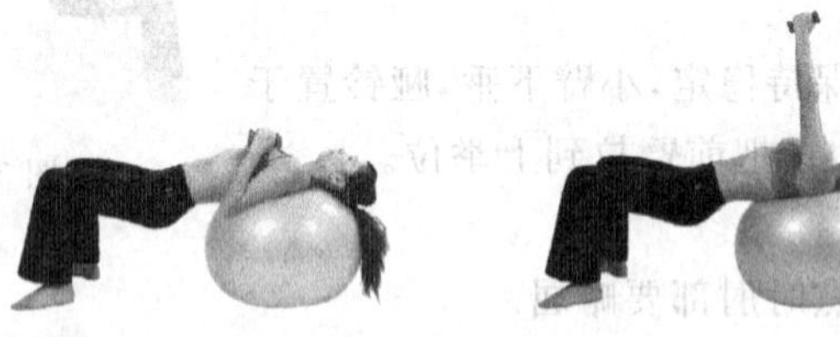

图 5-2-64

注意事项:

(1) 把双脚尽可能分开,臀部收紧不能下落。

(2) 肩胛骨靠拢,把目标练习集中于胸部,上举同时夹胸。

3. 扩胸推举(图 5-2-65)

动作要点:

(1) 选择合适的哑铃,躺在球上。

(2) 头、颈、肩、腰部都要靠在球上,握哑铃在胸部上方。

(3) 向上推举同时顶胯向上,使其与地面平行。

(4) 收回哑铃时下移臀部使其靠在球上。

图 5-2-65

注意事项:

(1) 掌握好身体平衡,腹肌收紧。

(2) 上举收胸同时臀部及背部肌肉收缩,精力要集中。

第五组动作:背部练习

维持人站立姿势的重要肌肉是竖脊肌。通过背部练习可有效地发展躯干稳定性。除此之外,背部肌群肌力的好坏直接影响站姿的优美程度,良好的背部肌肉力量，能使姿态更加优美、更加挺拔。

1. 对侧臂与腰伸展练习(图 5-2-66)

图 5-2-66

动作要点：

(1) 腹、髋部靠在球上，抬起左腿，与右臂向两个相反的方向伸展。

(2) 直到手、背部、腿与地面平行，保持 30 秒，然后换另外一边练习。

注意事项：

(1) 尽量保持身体的稳定性。

(2) 精力集中于后背肌、臀大肌上。

2. 球上支撑(图 5-2-67)

动作要点：

(1) 下腹部近髋关节的位置在球的正上方。

(2) 双臂在球前的地面支撑，双腿在球后伸展并分开。

(3) 肘关节略微弯曲，轻轻地抬起双腿，膝盖保持平展。

(4) 直到头、背及腿以及踝关节在一条直线上，停 3 秒，再回到开始姿势。

(5) 以上动作注意稳定性，可以向前带球收腹。

图 5-2-67

注意事项：

(1) 支撑时，手臂保持与地面垂直。

(2) 支撑的控制动作，颈部是身体的延长线。

第六组动作：腹肌练习

通过练习腹直肌、腹外斜肌、腹内斜肌和腹横肌，可以稳定核心部位，提高身体的平衡能力和稳定性。

1. 仰卧起坐(图 5-2-68)

动作要点：

(1) 双腿分开，躺在球正上方。

(2) 脚前移直到背下部牢牢地靠在球上。

(3) 双手放在太阳穴处，双肘向外打开，使背上部及肩靠在球上。

(4) 抬起上背部及肩，使其与水平成 45°角，臀部在球上且以这里为支点稳定球，不要让球跳开。

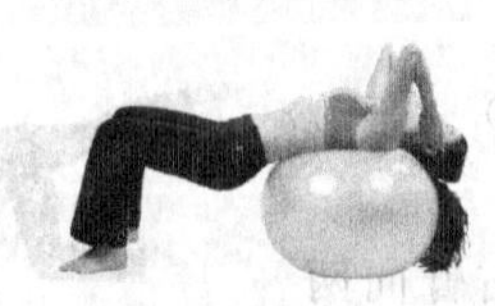

图 5-2-68

注意事项:

(1) 收腹动作要用腹肌的力量带动上体抬起。

(2) 按照球的轨迹收腹和还原。

2. 转体仰卧起坐(图 5-2-69)

动作要点:

(1) 双腿分开坐于球正上方,脚前移直到背下部支撑于球上。

(2) 双手手指放在太阳穴旁,打开双肘,把背上部及肩靠在球上。

图 5-2-69

(3) 抬起上背及肩,与水平成 45°角,同时躯干向左转,下降,换方向再做。

注意事项:

(1) 收腹起的位置保持身体成一个斜面后再转体。

(2) 收腹时两腿用力内收,可同时锻炼大腿内侧肌肉。

3. 屈体仰卧起坐(图 5-2-70)

动作要点:

(1) 躺在地上,双脚夹球,双手向臀后伸展开。

(2) 肩胛骨上抬离开地面,同时收腹举腿,然后双腿慢慢下降,重复练习。

图 5-2-70

注意事项:

(1) 练习时要用腹肌的力量将球举起。

(2) 如果腰部力量差或有伤,可先屈腿收,腰部尽量贴近地面。

(3) 尽量控制颈部往前伸。

(4) 保持均匀呼吸。

第六章　基本素质训练

第一节　协调性训练

协调性是指人体各部位在时间和空间上相互配合，合理、有效地完成动作的能力。在音乐的伴奏下进行专门的协调性练习，可以提高青少年中枢神经系统的机能水平，使大脑皮层神经过程兴奋和抑制得到合理的交替，改善中枢神经系统的强度、均衡性和灵活性，使练习者控制肌肉的能力增强，从而使动作更具有韵律感和美感。

协调性练习共分三个组合，难度由低到高，强度由小到大，内容由简到繁，练习者可根据自己的实际水平进行选择，在规定的节拍内完成动作，并与相应的音乐配合。

组合一

1. 踏步移重心

预备姿势：立正站好。

第一个八拍（图 6－1－1）

1－3 拍左脚开始踏步 3 次。

4 拍右脚侧出，经两脚提踵后成开立姿势。

5 拍双脚提踵，重心右移，两臂自然下垂置于身体两侧。

6 拍双脚提踵重心左移，两臂同 5 拍。

7 拍同 5 拍。

8 拍同 6 拍。

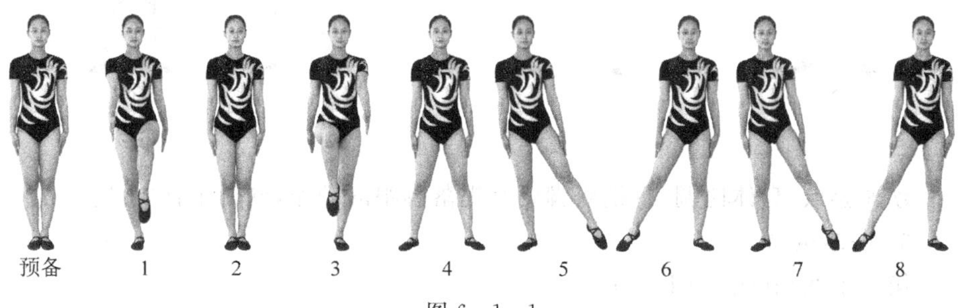

图 6－1－1

第二个八拍同第一个八拍，方向相反。

动作要点：踏步时要收腹、挺胸、立腰，移重心时要经过双足立踵，单足点地时不出髋。

2. 上肢运动

第一个八拍(图 6－1－2)

1 拍右臂不动,左臂侧平举。

2 拍左臂不动,右臂侧平举。

3 拍右臂不动,左臂上举。

4 拍左臂不动,右臂上举。

5 拍左臂侧举,右臂不动。

6 拍右臂侧举,左臂不动。

7 拍左臂下落。

8 拍右臂下落。

第二个八拍同第一个八拍,方向相反,8 拍时收腿还原成并立。

图 6－1－2

动作要点:身体协调,每拍双脚要有提落脚跟的动作,同时手臂要到位。

3. 头颈运动

第一个八拍(图 6－1－3)

1 拍屈膝低头,两臂体后击掌。

2 拍起立,两臂侧下举。

3 拍屈膝抬头,两臂体前击掌。

4 拍还原。

5 拍屈膝向左倒头一次，两臂下垂置于身体两侧。

6 拍还原成直立。

7 拍直立向左倒头一次。

8 拍还原。

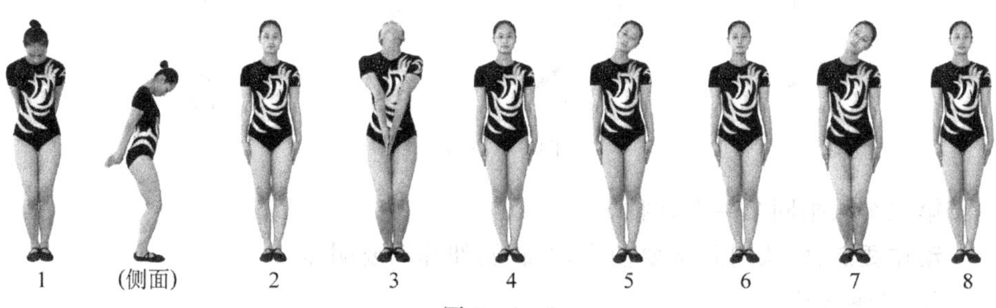

图 6-1-3

第二个八拍(图 6-1-4)

1 拍屈膝右倒头一次，两臂动作下垂置于身体两侧。

2 拍还原。

3 拍直立右倒头一次。

4 拍还原。

5 拍屈膝抬头，两臂体前击掌。

6 拍起立，两臂下举。

7 拍屈膝低头，两臂右倒头一次，两臂下垂置于体侧。

8 拍还原。

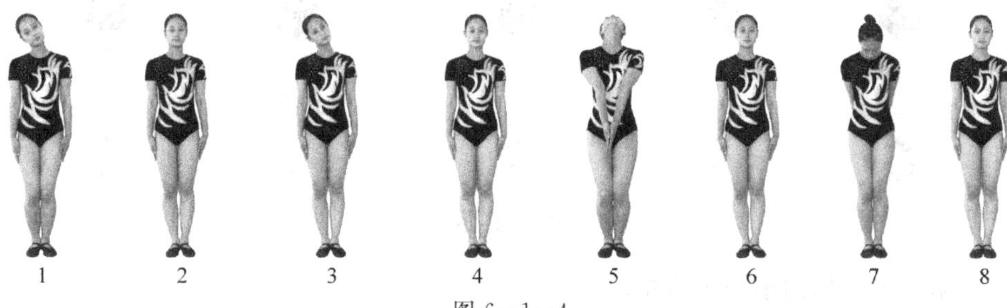

图 6-1-4

动作要点：充分低头、抬头，头部侧倒时耳朵尽量找肩。

4. 下肢运动

第一个八拍(图 6-1-5)

1-2 拍左脚侧出点地，左手叉腰，右手左侧举，头左转。

3-4 拍左脚收回，两脚并立还原，双手叉腰。

5－8 拍同 1－4 拍，方向相反。

图 6－1－5

第二个八拍同第一个八拍。

动作要点：转头时颈部要梗直，双腿屈伸弹动要明显。

5. *踢腿运动*

预备姿势：两脚并立，双手叉腰。

第一个八拍(图 6－1－6)

1 拍前踢左腿，右臂前平举，左臂侧平举。

2 拍腿还原，两臂肩上屈，手触肩。

3 拍前踢左腿，两臂侧平举。

4 拍还原。

5－8 拍同 1－4 拍，方向相反。

图 6－1－6

第二个八拍同第一个八拍。

动作要点：上体保持正直，踢腿时直膝。

6. *跳跃运动*

第一个八拍(图 6－1－7)

1－2 拍双手叉腰，双脚有弹性地分别向前、向后并腿跳一次。

3 拍向左轻跳一次，左臂肩侧上屈，五指并拢，掌心向前，右臂肩侧下屈，五指并拢，掌心向后。

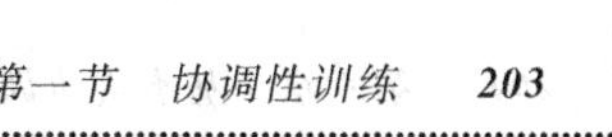

4 拍同 3 拍，方向相反。

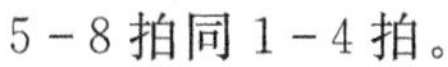

5－8 拍同 1－4 拍。

1　2　3　4　二–8

图 6－1－7

第二个八拍同第一个八拍，8 拍左小腿后屈。

动作要点：挺胸，立腰，动作轻快，落地时前脚掌着地缓冲，富有弹性。

7．弹踢跳

第一个八拍(图 6－1－8)

1 拍左腿经后向前下弹踢，同时右腿蹬跳，双手叉腰。

2 拍左腿落地，右腿屈膝后抬。

3－4 拍同 1－2 拍，方向相反，换腿做。

5－8 拍同 1－4 拍。

1　2　3　4　二–8

图 6－1－8

第二个八拍同第一个八拍，8 拍跳成并立。

动作要点：放松，自然地跳动，运动负荷由小到大，注意呼吸。

组合二

预备姿势：并步立，手臂下垂。

1．提踵立腰

第一个八拍(图 6－1－9)

1－2 拍双手叉腰，双脚提踵立，梗头立腰。

3-4 拍落脚跟。

5-6 拍左脚尖点地屈膝。

7-8 拍同 5-6 拍,换腿做,两腿交换经直膝立踵。

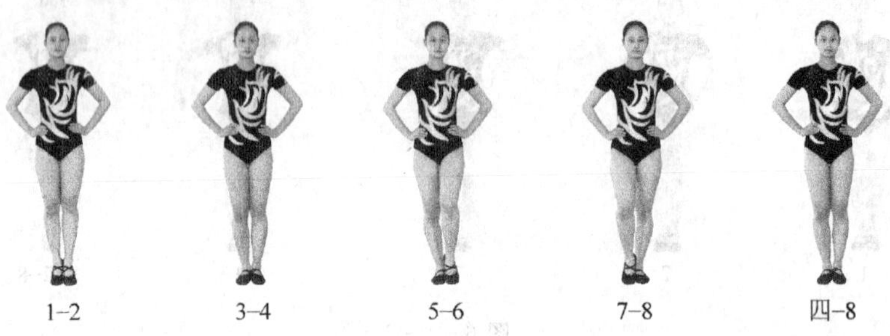

图 6-1-9

第二个八拍同第一个八拍。

第三、四个八拍同第一、二个八拍,最后一拍还原成直立。

2. 头颈运动

第一个八拍(图 6-1-10)

1 拍并立半蹲,双手叉腰,低头。

2 拍直立。

3 拍并立半蹲,双臂后摆,抬头。

4 拍同 2 拍。

5-6 拍,左臂侧举,头左转。

7-8 拍,同 2 拍。

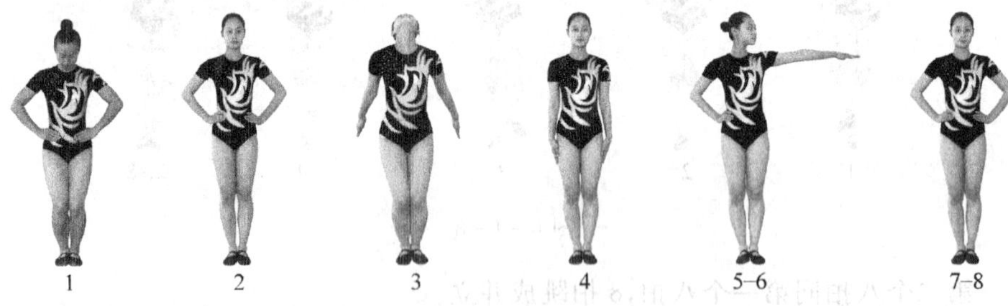

图 6-1-10

第二个八拍同第一个八拍,方向相反。

第三、四个八拍同第一、二个八拍。

3. 肩部运动

第一个八拍(图 6-1-11)

1 拍左脚侧出点地,左肩上提,头左转。

2 拍左脚收回，左肩下沉，头还原。

3 - 4 拍同 1 - 2 拍，方向相反。

5 拍并立，同时双肩上提。

6 拍还原成直立。

7 - 8 拍同 5 - 6 拍。

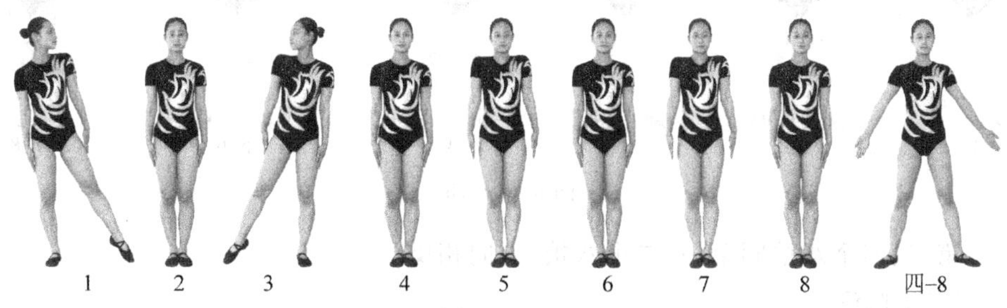

图 6 - 1 - 11

第二个八拍同第一个八拍，方向相反。

第三、四个八拍同第一、二个八拍。最后一拍双肩下沉，左脚侧出成开立，两臂侧下举，掌心向前。

4. 胸部运动

第一个八拍(图 6 - 1 - 12)

1 - 2 拍左腿站立，右腿屈膝，右脚尖点地靠于左脚旁，身体左转 45°，右臂向左侧击掌、含胸。

3 - 4 拍右腿侧出成开立，身体转回，右臂打开至右侧下举，抬头挺胸，掌心向前。

5 - 8 拍同 1 - 4 拍，方向相反。

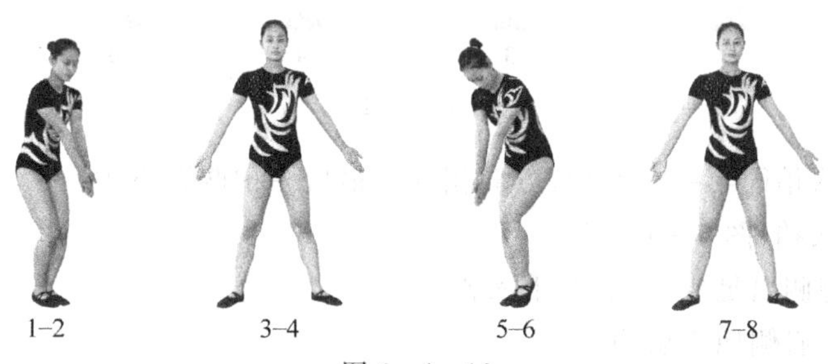

图 6 - 1 - 12

第二个八拍(图 6 - 1 - 13)

1 拍开立，左臂胸前平屈，掌心向下，右臂下垂。

2 拍右臂胸前平屈掌心向下，左臂不动。

3 - 4 拍两臂胸前平屈后振扩胸两次。

5－6 拍两臂经前至侧举后振一次，掌心向下。

7－8 拍，还原成预备姿势。

图 6－1－13

第三、四个八拍同第一、二个八拍，方向相反。

5. 体侧运动

第一个八拍(图 6－1－14)

1－4 拍并立半蹲，上体向右侧屈，右手叉腰，左臂上举，掌心向下。

5－6 拍直立，左臂至侧举，掌心向上。

7－8 拍，双手叉腰。

图 6－1－14

第二个八拍同第一个八拍，方向相反。最后一拍两臂下垂。

第三个八拍(图 6－1－15)

1 拍左脚侧出足尖点地，两手叉腰。

2 拍右臂肩侧屈手触肩。

3－4 拍右臂上举。

5 拍上体向左侧屈振。

6 拍还原同 3－4 拍。

7 拍同 5 拍。

8 拍还原成立正。

图 6-1-15

第四个八拍同第三个八拍，方向相反，第八拍两臂前举。

6. 体转运动

第一个八拍（图 6-1-16）

1-2 拍左脚侧出开立半蹲，上体左转，左臂侧举，右臂胸前平屈，掌心向下。

3-4 拍收右脚成并立，臂前举。

5-8 拍同 1-4 拍。

图 6-1-16

第二个八拍同第一个八拍，方向相反。第八拍两臂侧上举，掌心向内。

第三个八拍（图 6-1-17）

1-2 拍左脚侧出开立半蹲，两臂下穿至侧下举，掌心向后，上体左转 90°。

3-4 拍上体转回，收左脚成并立，两臂侧上举。

图 6-1-17

5-8 拍同 1-4 拍，方向相反。

第四个八拍同第三个八拍。

7. 腹背运动

第一个八拍（图 6-1-18）

1－2 拍左脚侧出大开立，两臂经体前交叉至侧上举。

3－4 拍两臂后屈，手指触头。

5－8 拍上体前屈下振两次，指尖触脚。

图 6－1－18

第二个八拍(图 6－1－19)

1－2 拍开立半蹲两膝内收，含胸低头，两手扶膝。

3－4 拍直立，两膝外展，抬头挺胸，两手扶膝。

5 拍同 1－2 拍。

6 拍同 3－4 拍。

7－8 拍还原成立正。

图 6－1－19

第三、四个八拍同第一、二个八拍，方向相反。

8. 踢腿运动

第一个八拍(图 6－1－20)

1 拍左腿屈膝前抬，两臂胸前平屈，握拳拳心向下。

2 拍还原成立正。

3 拍左腿前踢，两臂侧举，掌心向下。

4 拍同 2 拍。

5－8 拍换腿做。

图 6－1－20

第二个八拍(图 6－1－21)

1－2 拍并立半蹲,两臂体前击掌两次。

3 拍两臂前举,掌心向下,左腿侧踢。

4 拍还原成立正。

5－8 拍同 1－4 拍,换腿做。

图 6－1－21

第三、四个八拍同第一、二个八拍。

9. 跳跃运动

第一个八拍(图 6－1－22)

1－4 拍左腿开始跑跳步 4 次,双手叉腰。

图 6－1－22

5－6 拍双脚跳胸前击掌。

7－8 拍双脚跳，双手向上穿至侧举，上体左转 90°。

第二个八拍同第一个八拍，换腿做。

第三、四个八拍同第一、二个八拍，最后一拍还原成直立。

10. 整理运动

第一个八拍(图 6－1－23)

1－3 拍左脚开始向左走 3 步。

4 拍左腿弯曲，右脚点于左脚旁。

5－8 拍同 1－4 拍，反方向做。

1

2

3

4

图 6－1－23

第二个八拍(图 6－1－24)

1－3 拍左脚开始向左转体 360°。

4 拍左腿弯曲，右脚点于左脚旁。

5－8 拍同 1－4 拍，方向相反。

1

2

3

4

图 6－1－24

第三、四个八拍同第一、二个八拍。

组合三

1. 伸展运动

第一个八拍(图 6－1－25)

1－2 拍左腿屈膝，足尖点地，右腿支撑，右臂前摆 45°，左臂后摆 45°。

3－4 拍两腿与手臂动作交换。

5 拍同 1－2 拍。

6 拍同 3－4 拍。

7－8 拍同 1－2 拍。

图 6－1－25

第二个八拍(图 6－1－26)

1－2 拍左脚侧出成开立,提落脚跟一次,两臂侧举。

3－4 拍脚跟提落一次,两臂上举掌心向前。

5 拍脚跟提落一次,两臂伸直五指张开,掌心向前,向内交叉再还原。

6 拍同 5 拍。

7 拍两臂侧举,掌心向下。

8 拍还原成并立。

图 6－1－26

第三、四个八拍同第一、二个八拍,方向相反。

2. 头部运动

第一个八拍(图 6－1－27)

1 拍左脚侧出点地,左臂经侧至肩侧屈,手触肩头左转。

2 拍左脚收回头转回,左臂不动。

3 拍左臂不动,右脚侧出点地,右臂经侧至肩侧屈,手指触肩,头右转。

4 拍重心移至两腿间开立,两手及头后屈,手触头。

5－6 拍右脚收回并立,两臂上举击掌两次。

7 拍并立半蹲,两臂侧举,掌心向下,抬头。

8 拍还原成立正。

图 6－1－27

第二个八拍同第一个八拍,方向相反。

第三、四个八拍同第一、二个八拍。

3. 胸部运动

第一个八拍(图 6－1－28)

1 拍左脚向前一步小跳,右腿后抬,两臂前举交叉,含胸。

2 拍重心后移右腿站立,左腿前抬,两臂侧举后振,展胸。

3－4 拍还原成立正。

5－8 拍同 1－4 拍,换右脚做。

图 6－1－28

第二个八拍(图 6－1－29)

1－2 拍左腿侧出成开立,两臂向内交叉至侧上举,手心向外。

3－4 拍重心移至左腿,右脚收回点地,两腿弯曲稍含胸,臂收至胸前屈,握拳交叉。

5－6 拍同 1－2 拍。

7-8 拍还原成立正。

图 6-1-29

第三、四个八拍同第一、二个八拍，方向相反。

4. 体侧运动

第一个八拍（图 6-1-30）

1 拍左脚向侧一步，两臂经右摆至上举。

2 拍右脚并左脚，两臂经左下落。

3 拍右腿弯曲，左手背于体后，右臂经侧至头后屈，手触头，上体左侧屈。

4 拍上体直立。

5-6 拍上体左侧屈，右臂穿至上举，掌心向前，左手背于体后。

7-8 拍还原成立正。

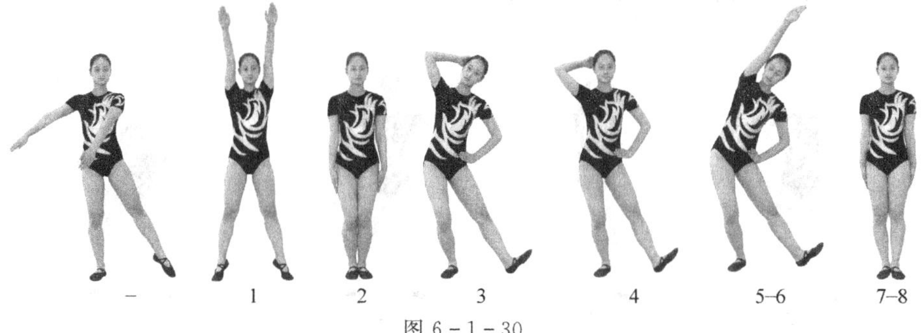

图 6-1-30

第二个八拍同第一个八拍，方向相反。

第三、四个八拍同第一、二个八拍。

5. 体转运动

第一个八拍（图 6-1-31）

1-2 拍左脚侧出开立，两臂侧举。

3 拍右脚踏于左脚后，身体右转，两手立腕。

4 拍左脚向右脚并拢，身体转回，两臂上举，掌心相对。

5－6 拍并立半蹲，两臂侧举，掌心向下，上体左转 90°。

7－8 拍还原成立正。

图 6－1－31

第二个八拍同第一个八拍，方向相反。

第三、四个八拍同第一、二个八拍。

6. 腹背运动

第一个八拍(图 6－1－32)

1－2 拍左脚侧出成开立，两臂侧举掌心向下。

3 拍两臂上举掌心向前。

4 拍两臂侧举，掌心向下。

5－8 拍上体前屈，抬头挺胸，下振两次，两臂侧举。

图 6－1－32

第二个八拍(图 6－1－33)

1－2 拍两臂经侧上举,上体后屈,掌心向前。

3－4 拍上体前屈,两手触地。

5－6 拍上体前屈,抬头挺胸,两手扶膝。

7－8 拍左腿收回成立正。

– 1–2 3–4 5–6 7–8 四–8

图 6－1－33

第三、四个八拍同第一、二个八拍,方向相反,最后一拍右臂肩侧屈握拳。

7. *踢腿运动*

第一个八拍(图 6－1－34)

1 拍左腿屈膝前抬,左手叉腰,右臂屈肘胸前摆。

2 拍左膝落下,右手同预备姿势,左手叉腰。

3 拍左腿前踢,右臂前摆。

4 拍并立,右手叉腰,左手肩侧屈,握拳。

5－8 拍同 1－4 拍,换腿做,8 拍双手叉腰,立正。

1 2 3 4 8

图 6－1－34

第二个八拍(图 6－1－35)

1 拍左腿屈膝侧抬,双手叉腰。

2 拍左膝落下,双手叉腰。

3 拍左腿侧踢,右臂侧举。

4 拍并立，双手叉腰。

5-8 拍同 1-4 拍，换腿做。

图 6-1-35

第三、四个八拍同第一、二个八拍，最后一拍还原成直立。

8. 跳跃运动

第一个八拍(图 6-1-36)

1 拍左脚前踏，重心稍前移，右腿稍后抬，右臂前摆，左臂后摆。

2 拍右脚后踏，重心稍后移，手臂不动。

3 拍左脚后踏，右腿稍前抬，左臂前摆，右臂后摆。

4 拍右脚前踏，手臂不动。

5-6 拍左脚前踏，成前后开立，手臂同 1-2 拍。

7 拍双脚起跳，空中并腿，两手体前击掌。

8 拍落地缓冲。

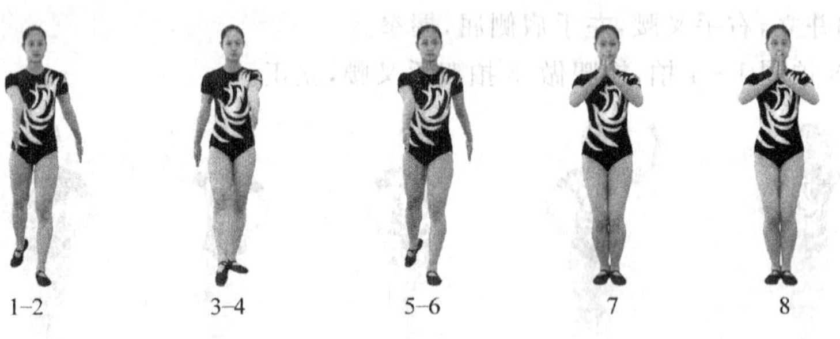

图 6-1-36

第二个八拍同第一个八拍，换脚做。

第三、四个八拍同第一、二个八拍。

9. 整理运动

第一个八拍(图 6-1-37)

1 拍右转 45°，左脚向侧后方踏一步，右腿稍前举，两臂侧后摆，重心后移，头左转。

2－4 拍向侧走三步，两手叉腰。
5 拍左脚前点地。
6 拍左脚后点地。
7 拍左腿直腿前踢。
8 拍还原成并立，身体转回。

图 6－1－37

第二个八拍同第一个八拍，方向相反
第三、四个八拍同第一、二个八拍。
10．结束姿势（图 6－1－38）
1－3 拍左脚开始，向后碎步退，两手臂经前举向侧，打开至侧举。
4 拍经提踵立还原成并立。

图 6－1－38

第二节　力 量 训 练

力量训练属基本素质训练之一。通过力量训练可以增加腿部支撑人体站立姿态的能力以及立腰、立背的力量，还可以提高形体姿态的控制能力和举手投足的优美程度，是形体训练的重要内容。在练习过程中，每个动作之间的间歇一般不超过 30 秒，每组动作之间的间歇一般不超过 3 分钟。形体训练中的力量练习有姿态要求，必须具备一定的控制力，其练习部位包括腰腹部、腰背部、臀部和腿部。

一、上肢力量训练

练习一(图 6-2-1)

预备姿势:跪撑。

动作做法:1 拍屈臂成俯撑;2 拍手臂伸直,反复练习。

动作要点:躯干部位挺直,平起平落。

图 6-2-1

练习二(图 6-2-2)

预备姿势:俯撑,双手支撑身体,双臂垂直于地面,两腿向身体后方伸展,依靠双手和两个脚的脚尖保持平衡,保持头、脖子、后背、臀部以及双腿在一条直线上。

动作做法:1 拍两个肘部向身体外侧弯曲,身体降低到基本贴近地板。收紧腹部,保持身体在一条直线上;2 拍用力推起,恢复原状。

动作要点:全身挺直,平起平落。

图 6-2-2

练习三(图 6-2-3)

预备姿势:俯撑,双手支撑身体,双臂垂直于地面,两腿向身体后方伸展,两脚放于高处,依靠双手和两脚的脚尖保持平衡,保持头、脖子、后背、臀部以及双腿在一条直线上。

动作做法与要点:同练习二

图 6-2-3

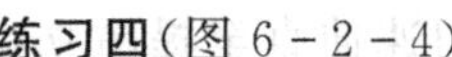

练习四(图 6-2-4)

预备姿势:俯撑,双手支撑身体,双臂垂直于地面,两腿向身体后方伸展,依靠双手和两个脚的脚尖保持平衡,保持头、脖子、后背、臀部以及双腿在一条直线上。

动作做法:1 拍两个肘部顺身体侧弯曲,身体降低到基本贴近地板。收紧腹部,保持身体在一条直线上;2 拍用力推起,恢复原状。

动作要点:全身挺直,平起平落。

图 6-2-4

练习五(图 6-2-5)

预备姿势:双手支撑身体,双臂垂直于地面,两腿向身体后方伸展,抬一腿,依靠双手和一只脚的脚尖保持平衡,保持头、脖子、后背、臀部以及双腿在一条直线上。

动作做法与要点:同练习二。

图 6-2-5

二、下肢力量练习

练习一(图 6-2-6)

预备姿势:上体直立,左手扶把杆,右手自然下垂,双脚并拢,脚尖向前。

图 6-2-6

动作做法:双足提踵,匀速下蹲至全蹲,随后双腿匀速伸直至提踵立,反复练习。

动作要点:保持抬头、挺胸、立腰、立背姿态。下蹲、起立时重心垂直升降,在一种内在对抗性力量中进行。上体不能前倾或后仰。根据练习者自身情况,动作也可双手扶把或徒手练习。

练习二(图 6-2-7)

预备姿势:两脚开立与肩同宽,两臂自然下垂。

动作做法:屈膝下蹲至大腿与地面平行,控制数秒,直到腿部肌肉酸胀到不能坚持为止,站起充分放松,再做,次数自定。

动作要点:同练习一。

预备

1

2

图 6-2-7

练习三(图 6-2-8)

预备姿势:面对把杆,上体直立,两脚平行开立与肩同宽,双手以食指轻扶把杆。

动作做法:用力提踵踮起脚尖,然后脚跟有控制地慢慢下落,如此再提再落,反复进行,直到小腿肌肉酸胀到再也不能坚持为止,马上放松,之后再做。次数、组数自定。

动作要点:身体重心位于两腿之间,提踵立时,小腿肌、臀肌夹紧,上体切勿前倾,手指轻扶把杆几乎不用力。

也可以根据不同情况选用单腿跳、台阶跳、前后分腿跳、负重举腿练习。

图 6-2-8

三、躯干部位力量练习

(一) 腰腹部力量练习

练习一(图 6-2-9)

预备姿势:仰卧,双手置于体侧,双腿并拢伸直,绷脚。

动作做法:左右两腿交叉上举或两腿同时举起,放下。

动作要点:保持梗头、挺胸、立背姿态,直膝上举,有控制地放下。单腿举时,未上举的腿保持伸直,不要离地。

图 6-2-9

练习二(图 6-2-10)

预备姿势:同练习一。

动作做法:1-4 拍直腿绷脚,两腿交替向内交叉剪腿逐渐高抬至 90°;5-6 拍勾脚;7-8 拍以脚跟用力蹬伸腿,腿伸直后,脚不离地,绷脚继续做。

动作要点:向上剪腿时,腹肌用力收缩。在整个动作过程中,腰部始终着地。

图 6-2-10

练习三(图 6-2-11)

预备姿势:仰卧,双手放头后,屈膝分腿同肩宽。

动作做法:用力收腹,上体抬起 45°,然后还原。

动作要点:腹肌收缩,挺胸梗头,下肢固定,腰部始终着地。

图 6-2-11

练习四(图 6-2-12)

预备姿势:仰卧,两手置于头后,并腿伸直。

动作做法:腹肌用力,上体抬起左转,同时屈膝,有控制地下落还原,然后抬上体右转。

动作要点:抬上体屈膝要用力,上体抬起约 45°,还原要控制。

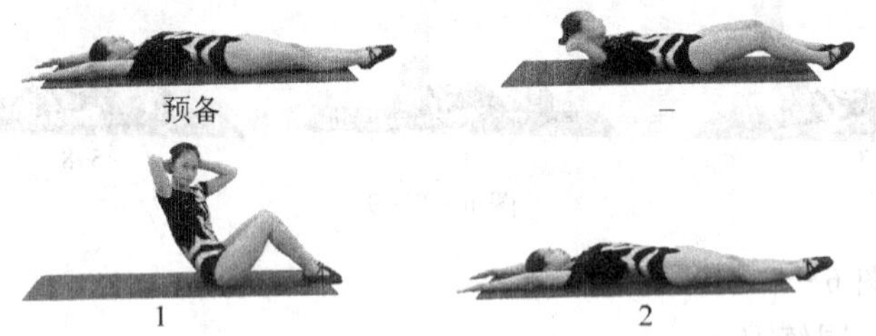

图 6-2-12

练习五(图 6-2-13)

预备姿势:仰卧,两手放于体侧。

动作做法:用力收腹,使上体和双腿同时抬起约 90°,双手触脚尖,还原。

动作要点:用收腹力量做两头起动作。

图 6-2-13

(二) 腰背部力量练习

练习一(图 6-2-14)

预备姿势:俯卧,两臂后伸两手互握,两腿并拢伸直,同伴两脚并立站在练习者膝关节两侧。

动作做法:练习者尽量梗头、挺胸,背肌用力,同伴紧握练习者手,有弹性地逐渐向上拉振。

动作要点:练习时,练习者髋部以下身体不要抬起,背肌应主动向后用力。

预备　　1

图 6-2-14

练习二(图 6-2-15)

预备姿势:俯卧,双手放于头后,双腿并拢伸直,同伴面对练习者跪坐地上,双手压练习者双脚。

动作做法:练习者抬头、挺胸、上体用力后屈,控制 2 拍。

动作要点:练习时,保持抬头、挺胸,背肌用力后屈。同伴用力按住练习者双脚协助完成动作。

预备　　1

图 6-2-15

练习三(图 6-2-16)

预备姿势:俯卧,两臂上举,两腿伸直略分开。

动作做法:上体和双腿同时后抬,还原。

动作要点:抬头、挺胸,尽量使上体和双腿抬高,形成最大背弓。

预备　　1

图 6-2-16

练习四(图 6-2-17)

预备姿势:屈腿仰卧,两臂侧平举。

动作做法:胸、腰部向上挺起,同时腿部伸直,肩部向外展开,两手撑地,接着

腹部挺起成仰撑。

动作要点:肩外展,要尽量做到抬头、挺胸,背部肌肉收紧,两脚尖有力支撑,直膝。

预备　1　2　3

图 6-2-17

练习五(图 6-2-18)

预备姿势:分腿坐,两臂置于体侧撑地。

动作做法:身体重心先移至右臂,右臂用力支撑全身,挺髋挺胸,使脊柱成反弓形,左臂上举,慢慢还原。身体重心移至左臂做相同动作。

动作要点:当单臂支撑时,臂肌要收紧,上挺髋,绷脚面。

预备　1

图 6-2-18

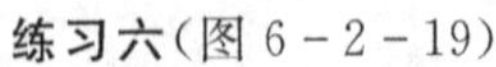

练习六(图 6-2-19)

预备姿势:站立,两腿开立稍宽于肩,两手抱头。

动作做法:两手抱头体前屈,起立还原。

动作要点:两腿伸直,上体快速前屈,立起时挺胸,要有向前,向下伸展感。

预备　1

图 6-2-19

练习七(图 6-2-20)

预备姿势:上体正直,两腿开立,两臂自然下垂。

动作做法:上体前倾,两臂前伸至前平举,接着向左侧下腰,成侧下腰,两臂向左侧摆,向后下腰,上体后屈,两臂向后摆至后下伸直,向右下腰,成右侧下腰,两臂向右侧摆,还原之后向相反方向(由右向左)做。

动作要点:两腿伸直,重心在两腿之间,以手臂做向前、左、后、右的摆动带动腰的环动,要均匀,腰背肌肉要有控制。侧倒时,腰要保持最大限度的侧屈姿态。向后屈时要抬头,肩、胸充分地展开。

1　2　3　4

图 6-2-20

(三) 臀部力量练习

练习一(图 6-2-21)

预备姿势:仰卧屈膝,小腿垂直地面,两脚略比肩宽,两臂伸直,掌心向下置于体侧。

动作做法:两腿分开,重心移动到肩部,以肩支撑,将臀部向上抬起,控制 8 拍,还原。

动作要点:臀部抬离地面,整个脊柱应挺直,臀肌夹紧。

预备　1

图 6-2-21

练习二(图 6-2-22)

预备姿势:俯卧,双腿并拢,两臂屈肘置于肩前。

动作做法:背肌和臀肌用力,把两腿向后上抬起,控制 8 拍,还原。

动作要点:练习时抬头、挺胸,背肌、臀肌收紧,腿伸直不松懈。

预备　1

图 6-2-22

练习三(图 6-2-23)

预备姿势:左腿跪撑,右腿后伸,两肘撑地同肩宽。

动作做法:右腿勾脚,屈膝后抬,有控制地还原,再做。

动作要点:臀部肌肉用力收缩,以脚跟带动后举腿。

练习四(图 6-2-24)

预备姿势:直立,两臂自然下垂。

动作做法：下颌夹住锁骨，提踵，膝部略弯，髋部向前向上顶，臀肌夹紧，肩部放松，两手臂自然下垂。慢慢下振，尽量用手找脚跟，控制 8～10 拍，还原，再做。

动作要点：动作中始终用下颌夹住锁骨，切勿抬头，臀肌夹紧，髋部尽量上顶。

图 6－2－23　　图 6－2－24

第三节　柔韧性训练

柔韧性训练的目的在于增加关节的灵活性，增强肌肉、韧带的弹性和伸展能力，以增大运动时的动作幅度，使举手投足能更舒展、更有效地展示动态美。同时，拉伸练习能有助于肌纤维向纵向发展，使人体更挺拔、更优美。发展柔韧性的方法有被动法和主动法两种，可综合采用，其练习部位包括肩部、胸部、腿部等。

一、肩部的柔韧性训练

练习一（图 6－3－1）

预备姿势：小八字步、直膝站立，面向把杆，双臂搭在把杆上。

动作做法：上体上下振 2×8 拍，然后尽量下压，拉伸肩带，控制 1×8 拍，反复练习。

动作要点：直臂挺胸、肩关节松弛。

图 6－3－1

练习二(图 6－3－2)

预备姿势:两人面对面站立,两脚开立比肩稍宽,两人双手相互搭肩,上体前屈。

动作做法:上体上下振,2×8 拍,然后尽量下压,拉伸肩带控制 1×8 拍,反复练习。

动作要点:直臂挺胸、肩关节放松。

预备

1

图 6－3－2

练习三(图 6－3－3)

预备姿势:甲直膝绷脚俯卧在地毯上,双臂上举夹头,手掌贴地,乙坐在甲的腿上。

动作做法:甲双臂夹头起上身,乙抓住甲的上臂向后拉伸,然后还原,反复练习。

动作要点:抬头、挺胸、收臂,双臂伸直,肩关节松弛。

预备

1

2

图 6－3－3

练习四(图 6－3－4)

预备姿势:两人同向站立,练习者左腿在前,右脚在后站立,协助者两腿前后开立。练习者五指交叉握,上举伸直,协助者左手抓住练习者双手,右手以掌推顶练习者背部。

预备

1

图 6－3－4

动作做法:协助者左手向后拉。小幅度后振 2×8 拍,然后稍放松。反复练习此练习后,协助者将练习者双臂拉至最大限度,控制 1×8 拍,然后还原。反复练习。

动作要点:抬头、挺胸、立腰、立背、双臂伸直。

练习五(图 6-3-5,图 6-3-6)

预备姿势:开立,两手体后交叉握,两臂伸直。

动作做法:

1-4 拍上体前屈,匀速后抬双臂至最大限度;振动 1×8 拍,控制 1×8 拍;5-8拍还原,反复练习。

动作要点:双手臂伸直,后夹臂、抬头、挺胸。

图 6-3-5

此练习也可采用坐姿进行。

图 6-3-6

练习六(图 6-3-7)

预备姿势:小八字步、直膝站立,背向把杆,两臂经下后抬,双手正握把杆。

动作做法:身体挺直向前倾斜,最大幅度前拉,反复拉伸肩部,双臂在后伸直尽量并拢,控制 1×8 拍,然后放松。反复练习。

动作要点:挺胸、抬头、肩关节放松。

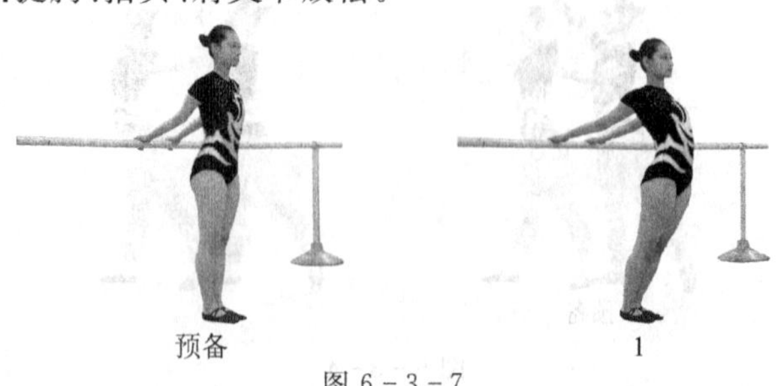

图 6-3-7

二、胸腰部的柔韧性练习

练习一(图 6－3－8)

预备姿势:直角坐于地毯上,低头含胸,两臂前平举。

动作做法:1－2 拍两臂屈肘做扩胸,同时抬头挺胸;3－4 拍还原成预备姿势。反复练习。

动作要点:双臂扩胸至最大限度。

图 6－3－8

练习二(图 6－3－9)

预备姿势:面对墙站立,身体离墙一步远,两臂上举,掌心前贴于墙上。

动作要点:上体前屈时,胸尽量贴近墙面,两腿伸直,脚跟不要抬起。

练习三(图 6－3－10)

预备姿势:练习者直角坐于地毯上,两手交叉抱肩,低头含胸。

动作做法:1×8 拍两手于体侧后撑地,挺胸,仰头,控制不动,然后还原。反复练习。

动作要点:后仰挺胸腰至最大限度。

图 6－3－9　　图 6－3－10

练习四(图 6－3－11)

预备姿势:甲直膝绷脚仰卧在地毯上,双臂屈肘,双手手指交叉,掌心贴在头后,乙跪坐在甲的脚上,用双手压住甲的小腿。

动作做法:1－2 拍上体后屈,梗头手扶于头后;3－4 拍还原。反复练习。

动作要点:上体向后上抬起的幅度尽可能加大。

图 6-3-11

练习五(图 6-3-12)

预备姿势:练习者俯卧地毯上,双手臂向后伸。乙两脚开立于甲膝关节两侧,双手与练习者相互拉紧。

动作做法:1-4 拍乙拉起甲,使其上体离开地面成最大反背弓。5-8 拍将其还原成准备姿势,重复练习。

动作要点:练习过程中挺胸、抬头,用力向后弯腰,双腿伸直,夹臀绷脚面。

图 6-3-12

练习六(图 6-3-13,图 6-3-14)

预备姿势:两人面对面,练习者跪立,两臂上举。协助者成弓步或开立半蹲,双手扶住练习者腰部。

动作做法:练习者后弯腰小振 8 次,再做后弯腰至最大幅度,控制 2×8 拍,然后还原。两人互换练习。

动作要点:练习时,要求抬头、挺胸。向后弯腰时,要求保持重心,幅度逐渐加大。协助者随练习者弯腰的程度和颤动的幅度协调用力。

图 6-3-13

该练习也可采用站立形式进行(图 6-3-14)。

图 6-3-14

练习七(图 6-3-15)

预备姿势:分腿坐,上体正直,两手于头后交叉抱头。

动作做法:

第一个八拍:1-2 拍,上体左侧屈,肘关节触地。3-4 拍,还原成准备姿势。5-8 拍同 1-4 拍,换另外一侧。共做 4×8 拍。

第五个八拍第 1 拍侧屈,控制 2-7 拍,8 拍还原,换另外一侧,反复练习。

动作要求:做动作时,挺胸、立腰,最大限度地侧屈,两肘关节打开成一平面。

图 6-3-15

练习八(图 6-3-16)

预备姿势:两腿跪立,两臂上举,掌心向前。

动作做法:1×8 拍,由左向右体绕环一周,然后反方向练习。

动作要点:练习时以腰为轴最大幅度做绕环。

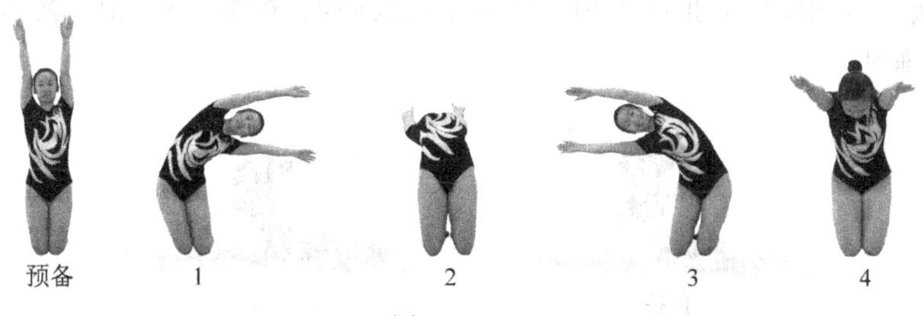

图 6-3-16

练习九(图 6－3－17)

预备姿势:两腿跪立,两臂前平举。

动作做法:1－2 拍上体左转拧腰。3－4 拍上体右转拧腰,反复练习,然后速度放慢。1－4 拍左拧腰。5－6 拍控制。7－8 拍还原,反复练习后,再反方向练习。

动作要点:做转体拧腰时以最大转体幅度为限,保持抬头、挺胸、立腰、立背。

预备 1–2

图 6－3－17

练习十(图 6－3－18)

预备姿势:两脚开立,比肩稍宽,两臂侧平举。抬头、挺胸、收腹。

动作做法:1－2 拍上体左侧屈左手扶膝,右手向左侧伸,两腿伸直。3－4 拍还原,做 2×8 拍。反方向练习。

动作要点:体侧屈时要抬头、挺胸、立腰、立背,两脚与上体成一平面。

预备 1–2 3–4

图 6－3－18

三、腿部柔韧性练习

练习一(图 6－3－19)

预备姿势:练习者平躺在地毯上,两臂体侧伸直,手心向下,协助者跪立在练习者侧面。

动作做法:练习者将左腿向正前方抬起,协助者用手推压练习者左腿并还原,共做 4×8 拍,5×8 拍第 1 拍将腿推至最大限度,控制 4×8 拍。换腿做,重复以上练习。

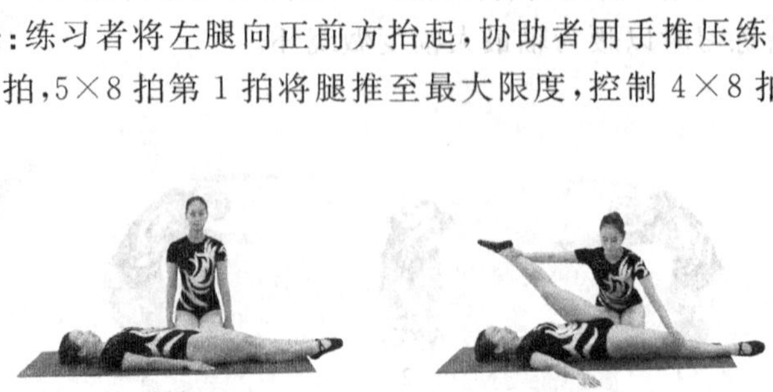

预备 1

图 6－3－19

动作要点：练习者两腿都要伸直，协助者一手按压住膝关节，一手推踝关节，保证按压的腿充分伸直。

此练习也可采用侧卧形式进行。

练习二（图 6－3－20）

预备姿势：练习者分腿坐，双手体前扶地，协助者双手扶住练习者的后背肩胛骨处。

动作做法：1－2 拍协助者向前推压练习者上体，练习者双手沿地面远伸，腹、胸贴地面；3－4 拍还原，肩离地面。反复练习后，再将练习者前推至最大限度，控制 4×8 拍。

动作要点：练习者保持立腰、立背、挺胸、抬头的姿势，双腿伸直，绷脚面。

预备

1–2

图 6－3－20

练习三（图 6－3－21）

预备姿势：分腿坐，上体正直，两手扶于体前两腿间，绷腿面。

动作做法：1－2 拍上体前屈，双手沿地面向前做体前屈。3－4 拍还原，反复练习 2×8 拍，然后做最大限度的体前屈，控制 2×8 拍。反复练习。

动作要点：上体前屈时，胸腹部尽量贴地面，两腿伸直。

预备

1–2

3–4

图 6－3－21

练习四（图 6－3－22）

预备姿势：直角坐，两腿并拢伸直，两手上举，掌心向前。

动作做法：1－2 拍上体前屈，双手触脚。3－4 拍还原，反复练习 2×8 拍，然后做最大限度的体前屈，双手抱住脚踝，控制 2×8 拍。反复练习。

动作要点：上体前屈时，胸腹部贴近大腿，两腿伸直。

图 6-3-22

练习五(图 6-3-23)

预备姿势:上体正直,一腿体前伸直,另一腿大小腿折叠,两腿夹角大于 90°,两手扶于体前伸直腿的两侧。

动作做法:1-2 拍抱头上体前屈,胸腹贴近大腿。3-4 拍还原,反复练习 2×8 拍,然后做最大限度的体前屈,控制 2×8 拍,还原。换腿练习。

动作要点:上体前屈时,前腿伸直,胸腹部尽量贴近大腿,稍抬头。

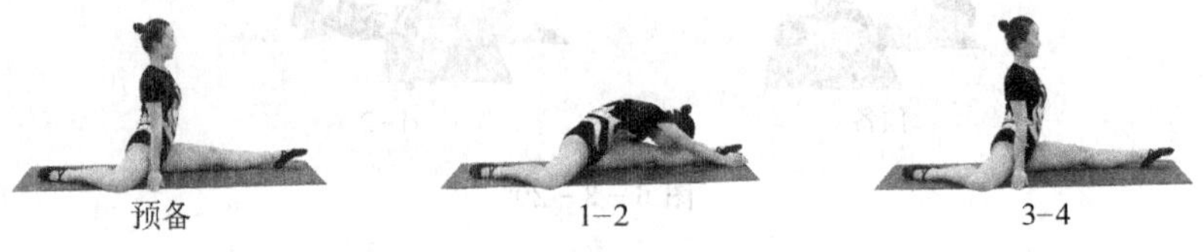

图 6-3-23

练习六(图 6-3-24)

预备姿势:前后分腿成劈腿,两手体侧扶地。

动作做法:1×8 拍,上体前屈,胸腹部贴近大腿,下压腿 8 次。2×8 拍,上体最大限度向下压,两臂前伸抱住脚踝控制不动反复练习 4×8 拍,两腿交换练习。

动作要点:上体下压时,要挺胸、立腰、立背,两脚要伸直。

图 6-3-24

练习七(图 6-3-25)

预备姿势:上体正直,面对把杆站立,两臂上举,掌心相对。一腿放在把杆上,支撑腿脚尖向前,收腹。

动作做法:1-2 拍上体前屈压腿,两手触把杆。3-4 拍还原。反复做 4×8 拍。第五个八拍上体前屈至最大幅度压腿,控制 2×8 拍,换腿练习。

动作要点:上体前屈时,两腿要伸直,胸腹要靠近腿部,还原时保持预备姿势。

此练习也可采用斜向45°站立的形式进行。

图6-3-25

练习八(图6-3-26)

预备姿势:上体正直,侧对把杆站立,一臂上举,掌心向上,一臂体前按掌。一腿侧抬放在把杆上,支撑腿脚尖稍外开。

动作做法:1-2拍上体侧屈,上举的手触脚面。3-4拍还原。反复练习4×8拍。第五个八拍,1-2拍上体最大限度侧屈压腿,控制4×8拍,最后两拍还原,换腿做。重复上面练习。

动作要点:上体侧压时要保持立腰、立背姿态,尽量以肩和手触腿,两腿伸直,髋要正。

图6-3-26

练习九

预备姿势:练习者背对把杆站立,上体正直,一腿后伸放在把杆上,双手叉腰。

动作做法:1-2拍支撑腿屈膝,同时抬头、挺胸。3-4拍还原。反复练习4×8拍。第五个八拍,1-2拍支撑腿屈,上体后屈至最大幅度压腿,梗头,两臂上举,控制4×8拍,最后两拍还原,换腿做,重复上面练习。

动作要点:保持抬头、挺胸、立腰、立背的姿势。上体后屈时要有弹性,髋要正。

练习十(图 6-3-27)

预备姿势:侧对把杆站立,内侧手扶把,外侧手上举,内侧腿站立,腿尖稍外开,外侧腿后举放于把杆上。

动作做法:1-2 拍上体后屈压后腿。3-4 拍还原。反复练习 4×8 拍。

动作要点:两腿要直,上体最大幅度后屈。

图 6-3-27

练习十一(图 6-3-28)

预备姿势:平躺在地毯上,两臂上举伸直,手心向上,绷脚面。

动作做法:1 拍右腿向前上方踢起。2 拍回落还原。反复练习 4×8 拍。第五个八拍的第 1 拍左腿向前上方踢起,同时双手抱于踝关节,用力下拉至最大幅度,控制 4×8 拍,换右腿做,重复上面练习。

动作要点:动作过程中,两腿要伸直,踢腿要迅速,回落要有控制。

此练习也可采用由屈到直的弹踢腿形式进行。

图 6-3-28

练习十二(图 6-3-29)

预备姿势:身体侧卧成一条线,右肘撑地,手指向前,手心向下,大臂垂直地面,左手体前扶地,绷脚。

动作做法:1 拍左腿向侧上方踢起。2 拍回落还原。反复练习 4×8 拍。第五个八拍的第 1 拍左腿最大幅度地向侧上方踢起,控制 4×8 拍,换右腿练习。

动作要点:上体保持挺胸、抬头、立腰、立背的姿态,双腿伸直,绷脚面。踢腿要迅速有力，先将脚面外转再用力踢，回落要有控制。

此练习也可采用由屈到直的弹踢腿形式进行。

图 6-3-29

练习十三(图 6-3-30)

预备姿势:左腿跪撑，双手直臂撑地，右腿伸直绷脚面后点地，抬头。

动作做法:1 拍右腿向右侧踢出。2 拍回落还原。反复练习 4×8，换左腿练习。

动作要点:保持抬头、挺胸姿态，踢腿时膝关节要伸直。

此练习也可采用后踢腿形式进行，增加后踢腿练习。

图 6-3-30

练习十四(图 6-3-31)

预备姿势:面对把杆直立，双手扶把，右腿支撑，左脚前点地。

动作姿势:1 拍左腿向后侧踢出。2 拍回落还原。反复练习 2×8 拍，换右腿练习。

动作要点:后踢腿时，上体要挺胸、抬头，两腿要伸直。

图 6-3-31

练习十五(图 6-3-32)

预备姿势:两脚提踵立，两臂侧平举。

动作做法(行进间正踢腿练习):1 拍左脚先上一步。2 拍右腿向前上方踢出。3-4 拍右脚开始提踵向前行进二步。5-8 拍同 1-4 拍,踢左腿。反复练习。

动作要点:踢腿时,上体要保持抬头、挺胸、立腰、立背的姿态,两腿要伸直、绷脚,髋要正。

图 6-3-32

练习十六(图 6-3-33)

预备姿势:两脚提踵立,两臂侧平举。

动作做法(行进间侧踢腿练习):1 拍左脚先上一小步。2 拍右腿向右侧上方踢出。3 拍右腿向正前方一小步。4 拍左脚再前进一步,两臂侧举,掌心向下。5-8拍同 1-4 拍,踢左腿。反复练习。

动作要点:踢腿时,上体要保持挺胸、立腰、立背的姿态,踢起的腿要伸直、绷脚,髋要正。

图 6-3-33

练习十七(图 6-3-34)

预备姿势:自然站立。两脚提踵立,两臂侧举。

动作做法(行进间后踢腿练习):1-2 拍左脚前点地,右腿微屈,同时两臂后摆至前下举。3 拍左腿向后踢,同时两臂经前摆至上举后振,掌心相对。4 拍左腿下落后向前一步。5-6 拍右脚向前一步点地,左腿微屈,两臂经前后摆至前下举。7 拍同 3 拍,右腿向后踢。8 拍右腿下落后向前一步。

动作要点:踢腿前稍低头,向后踢腿时,要保持抬头、挺胸、立腰、立背的姿态,两腿要伸直,髋要正。

图 6-3-34

主要参考文献

[1] 迟兴华，吴枫桐. 青少年形体练习[M]. 北京：北京体育大学出版社，1995.

[2] 刘志红. 形体练习教程[M]. 北京：高等教育出版社，1999.

[3] 杨静，孟吾云等. 形体与健美[M]. 北京：中国纺织出版社，2001.

[4] 王锦芳. 形体舞蹈[M]. 杭州：浙江大学出版社，2006.

[5] 尹菲，武瑞营. 形体礼仪[M]. 北京：机械工业出版社，2007.

[6] 王冬月. 北京市高中女生形体现状调查及影响形体美因素研究[D]. 北京体育大学，2005.

[7] 唐薇薇. 长春市重点中学女生开设形体训练课的可行性分析[D]. 东北师范大学，2007.

[8] 高留红，张予南等. 略论现代形体训练的主要目标[J]. 北京体育大学学报，1998(1).

[9] 苑高兴. 大学生形体美的培养与训练[J]. 河北理工学院学报(社会科学版)，2003(4).

[10] 王慧丽. 形体课教学对学生终身受益的影响与价值[J]. 体育学刊，2003(3).

[11] 任丹阳. 中小学开设形体课探微[J]. 广西民族学院学报(哲学社会科学版)，2004(S2).

[12] 李军. 论大学生开展形体训练的必要性与方法[J]. 科技信息(学术研究)，2007(25).

[13] 刘洁，赵书祥. 形体与健美操不同课型对女大学生身体形态、机能和素质的影响[J]. 北京体育大学学报，2006(12).

[14] 宋瑞玲，牛锡铮. 形体教学的内容与方法[J]. 河北交通科技，2007(3).

[15] 单妙琴. 高职院校形体课教学研究[J]. 哈尔滨体育学院学报，2009(1).

郑重声明